秘書の英語
〈実務ハンドブック〉

西 真理子
Mariko Nishi

研究社

はじめに

　あらゆるシーンで「グローバル化」が叫ばれている昨今。ほんの5年前には、日本企業の研修担当者から「先生、英語の授業はウチの秘書には必要ありません」と言われたのが嘘のようです。今ではどんな企業にお伺いしても、「弊社の方針はグローバル対応。英語が使えることはビジネスパーソンとして当たり前」とおっしゃいます。しかし、現実的にはまだ、「英語」と聞くとつい拒絶反応が出てしまう、という方が多いようです。

　秘書やアシスタントに必要な英語力とはどんなものでしょうか。これは、秘書やアシスタントに必要とされる能力と深い関わりがあると思います。つまり、いかに正確に、かつスピーディーに幅広い業務を処理するかということです。また、秘書という職業は「できません」「わかりません」と言えない仕事です。必然的に、秘書であればわかるだろう、と持ち込まれる案件も多く、その中に翻訳や英文レター作成などの「英語対応」が含まれているケースが、日本の中小企業の秘書室でも多く見られるようになりました。

　そして、突然英語が必要となるような状況では、正しい英語表現かどうかを確認することもできません。結局どうするかというと、オンライン翻訳サイト等を使って、それっぽく見える英文を作ることでお茶を濁すケースが多いようです。ひどい例になると、その英文を見直しもせず、取引先に送ってしまうこともあると聞きます。

　これまで延べ数百人の研修参加者の方々や秘書業務に従事している方々と関わってまいりました。そして、多くの方から「秘書の英語というのは何が必要なのか」「秘書に特化した英語の本がなかなか見つからない」「『ビジネス英語』と銘打った本でも交渉術やプレゼン用語、貿易用語が中心で、本当に知りたいことが書いていない」といった質問や相談を受けてきました。英文eメールの書き方本やオフィス英会話本はすでにたくさん出ています。本書は、そのような例文を並べただけの例文集ではなく、「秘書の立場で英語を使う」という観点から説明をした参考書にしたいと考え、例文の数は最小限

に絞りました。また、英語に対して苦手意識を持っておられる方にも話しやすく、書きやすい例文をご紹介するように心がけました。

　本書は外資系のみならず日本企業、それも小規模なオフィスで働く秘書やアシスタント職の方々にもお使いいただけるよう準備いたしました。これまで私が経験してきたことの集大成としたつもりです。お役に立てれば幸いです。

　準備するに当たりまして、研究社編集部長の吉田尚志氏には大変お世話になりました。編集部長には、鋭く的を射たご指摘やご提案を頂戴し、お話しさせていただくたびに「本当にこれでいいのだろうか」という迷いは雲散霧消、その代わりに「あれも書きたい、これも書きたい」という思いで何とかここまでたどり着きました。また、いつもポジティブなフィードバックをいただいたおかげで最後の踏ん張りが利いたと確信しています。心から御礼を申し上げます。そして、全てのお名前を挙げることは叶いませんが、これまでお世話になりました数々の上司、先輩、同僚の皆様、ご指導いただいた先生方、一緒に勉強してくださる生徒の皆様に感謝を申し上げ、拙書を捧げたいと存じます。

2013年 新春

西　真理子

Special Thanks:
- Mr. Takashi Yoshida
- Ms. Ai Ishikawa
- Mr. Masaru Tahara
- Mr. Andesh Asell
- Mr. Kimihiko Shindo
- Mr. Hidekazu Hayakawa
- Mr. Yuji Nishiura
- Mr. Hideki Kubo
- Mr. Kazunari Watanabe
- Mr. Toru Furuya
- Mr. Tsutomu Noda
- Ms. Gako Suzuki
- Ms. Dawn Goldberg
- Ms. Anastacia Brice
- Mr. and Mrs. Nishi
- Mr. Katsuhiko Nakaya
- and all my valued students...

目 次

第1章 秘書に必要な英語力 ……………………………………1
- 秘書になぜ英語が必要か？ ………………………………………1
- 秘書の役割は「ブラックボックス」………………………………2
- どのような英語力が必要？ ………………………………………7
- 目安としての英語力 ………………………………………………9

第2章 英文ビジネスレターの構成 ……………………………11
① 英文レター 2例 …………………………………………………11
② 英文eメール、英文レターの構成 ……………………………15
③ 英文レターの書式 ………………………………………………22
④ 英文レターについてのFAQ（よくある質問とそれに対する答え）……30

第3章 秘書が書く英文eメールと手紙 ………………………36
(1) 社内外のアポイント依頼とスケジュール調整［秘書名で書く］……37
(2) 出張手配［秘書名で書く］………………………………………44
(3) お礼［上司名で書く］……………………………………………56
(4) お詫び（アポイント変更）［秘書名で書く］…………………60
(5) お祝い ……………………………………………………………62
(6) 弔 慰 ……………………………………………………………64
(7) お見舞い［上司名で書く］………………………………………66
(8) その他 ……………………………………………………………67

第4章 秘書の「場つなぎ」英会話 ……………………………74
(1) 英語の電話応対 …………………………………………………74
(2) 訪問客の応対［英語しか話せない人が訪問してきたとき］……90
(3) 宿泊先へ訪問客を迎えに行く …………………………………97
(4) 電話の使い方を説明する ……………………………………102

第5章 秘書に関わる英文法 ……………………………………………106

- 英語の「動詞」を理解すること……………………………………106
- 時制について…………………………………………………………112
- 名詞とその周辺について……………………………………………117
- 冠詞について…………………………………………………………119
- 前置詞について………………………………………………………120
- 比較級における論争 —— more than I *or* more than me?……122
- 形容詞における混同 —— boring *or* bored?……………………123
- 関係代名詞の制限用法と非制限用法………………………………124
- パンクチュエーション（句読法）の基礎の基礎…………………127
- 間違いやすい単語リスト……………………………………………133

第6章 最低限知っておくべき簿記会計知識とその用語………148

- (1) 上司の"ことば"を理解するために………………………………148
- (2) 簿記会計の英語と基礎知識………………………………………150
- (3) 会計及び経営に関連する用語……………………………………158

第7章 キャリアアップのための英文履歴書……………………164

- (1) 英文履歴書とは、自らの「棚卸し」……………………………164
- (2) 英文履歴書にまつわる「7つの伝説」…………………………165
- (3) 英文履歴書の仕組み………………………………………………167
- (4) Power Verbs（強い動詞）…………………………………………169

第8章 さらなるステップへ………………………………………174

- (1) 語学の学習法………………………………………………………174
- (2) 秘書に必要な勉強とは……………………………………………183
- (3) The sky is the limit ——さらなるキャリアへ……………………187

参考図書………………………………………………………………………189
著者プロフィール……………………………………………………………191

COLUMNS		Tips for Secretaries

1　バイリンガルたれ 6
2　「攻め」と「引き」 10
3　上司は "Hi, Jack!" でも、秘書は "Mr. Smith …" 17
4　「本文」部分は型に当てはめて書くとラク 19
5　カーボンコピー？ 29
6　肩書き・いろいろ 33
7　終身称号 34
8　秘書の肩書きについて 35
9　Pretty good, thank you. 40
10　「UAでLAX経由SANまで予約しておいて」 48
11　IとWeの使い分け 52
12　プライベートジェットでの来日 55
13　「旬のタケノコをいただいて…」 59
14　飲み物・いろいろ 92
15　毎度おなじみの「営業電話」 95
16　この人は誰？ 96
17　成田エクスプレス顛末記 100
18　相手の名前をお呼びする 105
19　一般動詞としても使える「連結動詞」 107
20　品詞を理解するクイズ 111
21　辞書　じしょ　ジショ 145
22　コロケーションとは？ 147
23　経常利益はどこへ？ 154
24　イービット、イービダーとは？ 155
25　英文簿記会計は面白い！ 156
26　「中経」とは？ 162
27　単語を覚える 181
28　単語をスペリングで覚える 182

第1章　秘書に必要な英語力

秘書になぜ英語が必要か？

　まず、秘書とはどういう職業でしょうか。「はじめに」に書きましたとおり、秘書は「できません」「わかりません」と言えない職業です。私が研修時によくお勧めする本に『重役秘書リナ』（モーニングKC）という漫画本があります。その中に、新米秘書がついうっかり「その件はわかりません」と答えてしまい、先輩に「**秘書には『わかりません』っていう返事はないのよ！**」と叱責されるシーンが出てきます。

　この「秘書の役割」を考えたとき、秘書が英語対応までしなければならない理由がおわかりいただけるのではないでしょうか。普段英語を必要としない職場であっても、突然英語で電話がかかってきたとか、英語しか理解しないお客様が見えた、などということは十分にありえます。最近では、小さい事務所であっても英語での営業電話や飛び込み訪問があると聞きますし、それどころか、突然会社が外資系になった（海外の企業に買収された）とか、海外の企業と合併した、などという話も今日では珍しくありません。

　職場に英語ができる人がいるのであれば問題ないでしょう。しかし、そうではない場合、英語ができようとできまいと、「あなた秘書なのだから対応して」と言われる可能性は大です。特に小規模なオフィスで、受付がない場合には秘書が全訪問客の対応をすることになっている場合が多いようです。約束があるお客様ならまだしも、営業電話もしくは営業訪問で、不慣れな対応をしたために外国人セールスマンに居座られて途方にくれた、という話も聞きます。

　このように、秘書が英語対応を求められる場面は、企業規模や企業の国籍・業種などを問わず、ますます増えているのが実情です。そのような場合に、「できません」「わかりません」で逃れられなくなっているのも事実。備えあ

れば憂いなしで、「なんでも屋」であることを求められる秘書が、英語を勉強し、備えておくことには大きな意義があると思います。

秘書の役割は「ブラックボックス」

「秘書の英語」について語る上で、忘れてはならない大変重要なことがあります。それは、**秘書の英語は「原本があり、代理で書くことが多い」**という点です。どういうことかといいますと、上司が秘書に文書作成を依頼するときには、口頭で要点のみを指示することもありますが、大抵はメモ書きが渡されます。それは箇条書きで要点が羅列されただけですから、秘書はそのメモを見ながら、**礼儀正しい正確な英語で、かつ書式も整えて書かなくてはなりません。**

日本語のメモから整った英文メールへ：秘書の役割のイメージ

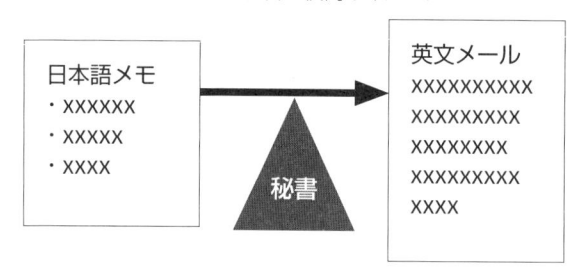

日本語メモ	秘書	英文メール
・xxxxxx ・xxxxx ・xxxx	→	xxxxxxxxxx xxxxxxxxxx xxxxxxxx xxxxxxxxx xxxx

この要点羅列の「日本語メモ」から整った書式の「英文メール」への転換が行われる〈ブラックボックス〉**の役目**を果たすのが秘書です。上司から「これ、伝えておいて」と言われたら、「はい」とすべて完了させなくてはならないということです。時には、依頼主である上司のほうが秘書よりも英語が上手、ということもありますが、依頼されればやらなければなりません。

ではここで、具体例を挙げてその流れを説明します。秘書の上本美紀さんは日本企業で取締役秘書として働いています。ある晩秋の朝、上司である鈴木取締役に「今度アメリカに出張するから、これをお願いします」と以下のメモを渡されました。

第1章　秘書に必要な英語力

上司からのメモ

取締役会開催、12月12日 10 a.m. ニューヨーク支社にて
先方出席者　Mr. Smith, Ms. Mayor　電話で承諾済み
　　　　　　要送迎　ホテルも（いつものところ）
11日JL006　14日AA135　予約をお願いします

秘書の上本さんはここで、飛行機の予約はすぐに自分で手配するとして、それ以外の先方への連絡をどのようにするか考えます。彼女の頭の中には次のようなことが思い浮かぶでしょう。

上本さんが考えたポイント

① 今回の連絡は鈴木取締役の出張にまつわる宿泊関連の依頼だから、自分の名前（秘書の名前）で書いてよいだろう。
② ホテルは法人契約のEstate Hotelだから、Mr. Smith と Ms. Mayor の秘書であるMs. Jacksonにメールで予約をお願いしよう。その際にMr. Smith と Ms. Mayor、それから鈴木取締役にCC（写し）を入れておけば、全員が状況把握できるだろう。
③ 確認事項は会議開催の日時。依頼事項は送迎と宿泊先予約。送迎手配をお願いするのだから、フライト情報を伝えることも必要だろう。
④ 鈴木取締役は禁煙室で大きめのベッドがある部屋をいつも好まれるので、Ms. Jacksonには、その旨を伝えておこう。

そこで上本さんは次のような英文メールを作成します。丸数字は、上記のポイントの内容と呼応しています。

DATE: November 26, 2012
TO: Ms. Maria Jackson　②
FROM: Miki Uemoto　①
RE: Logistics assistance request: Mr. Suzuki's NYC Trip, December 11-14
CC:　Mr. Hironori Suzuki, Mr. John Smith, Ms. Maggie Mayor　②

Dear Ms. Jackson,

I hope everything is going well with you.

Today I am writing to ask for your help regarding Mr. Suzuki's New York trip from December 11 to 14. He is going to NYC for attending the board meeting, which will be held on Wednesday, Dec. 12, at 10 a.m. According to him, he has already talked to Mr. Smith and Ms. Mayor over the phone regarding the meeting and confirmed their attendance. ③

Could I ask you to arrange a room at our preferred Estate Hotel and transportation from/to JFK airport accordingly? ③

  Guest name: Hironori Suzuki, Mr.
  Check-in date: December 11, Tuesday
  Check-out date: December 14, Friday
  Non-smoking, king-size bedroom is preferred ④

His flight schedule is as follows: ③

  Dec 11(Tue) 9:55 a.m.   Arriving at JFK by JL006 from Narita
  Dec 14(Fri) 6:05 p.m.   Leaving JFK by AA135 for Narita

I would appreciate it if you could tell me where and how Mr. Suzuki can meet the driver at the airport.

If you have any questions, please feel free to contact me. Thank you.

Best regards,

Miki Uemoto
tel: 81-3-5333-1234 (Direct)

第1章　秘書に必要な英語力

日本語訳

DATE: 2012年11月26日
TO: マリア・ジャクソン様 ②
FROM: 上本美紀　①
RE: 出張手配に関するお願い：鈴木取締役ニューヨーク訪問（12月11日から14日）
CC: Mr. Hironori Suzuki, Mr. John Smith, Ms. Maggie Mayor　②

ジャクソン様

お元気でお過ごしのことと存じます。

本日、鈴木取締役のニューヨーク出張（12月11日から14日）について、お願いしたいことがあり、メールを差し上げています。今回の出張は、12日（水曜日）午前10時から開催される取締役会に参加するためのものです。鈴木取締役によると、すでに電話でスミス様、メイヤー様とこの件についてお話しになっているとのことで、お二人からご出席のお返事をいただいているとのことでした。③

お手数ですが、鈴木取締役のホテル予約とニューヨークJFK*空港での送迎を以下のとおりお手配いただけないでしょうか。③

　宿泊者：鈴木博則
　チェックイン：12月11日（火）
　チェックアウト：12月14日（金）
　　禁煙、キングサイズベッドの部屋が希望です　④

フライトスケジュールは次のようになっています。③

　12月11日(火) 9:55 a.m.　JL006で成田からニューヨークJFK空港着
　12月14日(金) 6:05 p.m.　AA135でニューヨークJFK空港発で成田へ
　　　　　　　　　　　　　出発

鈴木取締役が空港のどこで、またどうやってドライバーさんと落ち合えばよいか、お教えいただけましたら幸いです。

ご質問等あれば、いつでもご連絡ください。よろしくお願いいたします。

＊注：ニューヨークには空港が3つあります。ジョン・F・ケネディ（JFK）、ニューアーク、ラガーディアの「どの空港」かを明記することは重要なことです。

いかがでしょうか。元の「メモ書き」の指示からここまで発展させて「英文メール」に仕上げているわけです。特に**メールの件名**や**CCを付けるかどうかの判断**などは秘書に任せられることも多いため、的確な判断と豊かな想像力が必要とされます。

COLUMN 1　　　　　　　　　　　　　　　　　　　　Tips for Secretaries

バイリンガルたれ

　セミナーなどで必ずご紹介する、私の最愛の本の一冊に『ジャック・ウェルチに学んだ仕事の流儀』（ロザンヌ・バドゥスキー著、サンマーク出版）があります。米GE伝説のCEO、ジャック・ウェルチと14年間働いたエグゼクティブアシスタントである著者がまとめた、「上司を補佐して優れた経営者に育て上げる（＝ manage up）」コツに溢れた必読書です。

　ご紹介したい話がいくつもありますが、文字通り「上司の言葉を理解すること」を地で行ったのが次のエピソード。CEO室に異動して最初の日のひとコマです。

＊

　会社がCEOの補佐役の必須条件に書き忘れたことの一つは、バイリンガルでなければならないという点だ。ジャックの下での仕事の初日、私は「外国語」を英語に翻訳する必要に迫られた。（中略）手紙の口述筆記を頼まれたときは、グレッグ式の速記だけではなく、ベルリッツの集中講座をとっておくべきだったと気づいた。彼の強いボストン訛りが理解できなかったのだ。私はペンを持ったまま頭の中で思った。ああ、どう

しよう！　彼はなんて言ってるの？　私にはとても翻訳できっこない！
(後略)　ポイント：バイリンガルになる——上司、部下の言葉を理解し、自分でも使うこと。

＊

　もちろん、ロザンヌは英語のネイティブスピーカーですから、ここで「バイリンガル」と言っているのは「上司が話している『言葉』を音声、ボキャブラリー、内容（コンテンツ）のすべての面から理解しなさい」という意味だと考えられます。上司と同じ言葉を話すこと、その言葉を他人にもわかるように一般的な言葉に"翻訳"することが秘書に求められる必須条件ということですね。

どのような英語力が必要？

　そこで、具体的にどのような英語力が秘書に必要なのかを考えてみますと、次の3点が代表的なのではないでしょうか。

(1) 英文eメールをはじめとするコミュニケーション文書を読み、書式を整えて文法的に正しい英語で返事を書くことができる。
(2) 英語でビジター（訪問客）の対応ができ、上司や名指し人につなぐまでの「場つなぎ」ができる。
(3) 上司に届く英文や和文の文書の概要を理解し、簡単な「翻訳文」を作ることができる。

　(1) は今さら申し上げるまでもないことかと思います。秘書の英語といえばまず文書対応が思い浮かびますが、ここで大切なのは、秘書は**「上司、また会社の代理として書く」**ことが求められるということです。つまり、意味が通じればよい、というものではなく、可能な限り正確さを追求する必要があります。
　こんな話を聞いたことがあります。ある会社で、ビジター用に英語版の施

設案内を作成することになり、秘書が英語版の作成を依頼されました。かくして出来上がってきたものは、「朝一番に来たらセキュリティアラームを解除してください」の英訳が "Please remove the security alarm if you come here first." となっていたそうです。if以下はともかくとしても、removeは物体を「(物理的に)取り除く」こと。おそらく「警報を解除する」を辞書で引いてみたらAlarm is removed. というような表現があったのでしょう。確かに、警報装置を取り外したいのであれば、これでもわかるのですが、ここではその意味ではありません。一事が万事で、「他の仕事は大丈夫なのかなぁ」などと思われてしまったら困ります。ちなみに、この場合の「アラームを解除する」はdisable（＝今まで作動していたものを止める）という動詞を使うとよいと思います。ですから、ここではPlease disable the alarm system and then enter the office. といったあたりがふさわしいのではないでしょうか。

　さらに、上記の「上本美紀」さんの例で書いたとおり、上司の代理で書く場合には書式を整えて書かなければならないケースが多く、美しく読みやすい英文レターやメールにするのは秘書の腕の見せどころとなります。また、件名についてもひと目でわかりやすい件名を付けなければなりません。これらの作業ができるためにはビジネス英語のひととおりの知識が必要となります。

　(2) についていえば、会議に参加して通訳するまではいかなくても、空港や宿泊先にお客様を迎えに行き、無事に会社まで連れて来られる程度のいわゆる**「場つなぎの英会話力」**は最低限必要です。ビジター（訪問客）の社内案内係は秘書、という会社も多いと思います。そして、約束のない飛び込み営業などがあった場合には失礼にならないよう、かつ毅然とした態度でお引き取りいただくくらいの最低限の英語力も必要でしょう。**秘書とは「困ったら頼られる」立場**でもあるのです。

　(3) は、この中では最もハードルが高いかもしれません。上司の手元に届く書類といえば、普段の連絡事項や依頼事項だけでなく、決算書や経営会議用資料など、経営判断に必要な資料も多数あります。海外に子会社があったり、取引先があったりする場合には、そこから届く資料を翻訳するよう頼まれることがあります。日本語で書かれた書類を簡単でいいから英訳して送っておいてくれ、と依頼されることもあります。「そんなこと、担当者に頼んだ

らいいのに」と思っても、「いや、機密書類だから」と指示されれば、秘書がやらざるを得ません。

　そういう状況になると、日英両言語で経営に関する用語を理解することも必要になってきます。書かれている日本語（用語）を正しく理解することが第一歩で、それから英語に取り組むという少々大変な作業ですが、その反面とてもやりがいのある業務でもあります。

　このように、**秘書に必要とされる英語力には、いわゆるルーティンといわれるメール対応から、経営用語の理解まで、幅広い範囲に及びます。**

目安としての英語力

　そこで、よく秘書の方々から聞かれるのが、「TOEICでいえば、何点くらいの英語力が必要でしょうか？」という質問です。TOEICをはじめとする英語の検定試験では実務能力までは測れないことが多いため、本当に「目安」にしかなりませんが、最低限の目標として、次のようなレベルを目指してみてはいかがでしょうか。

英語で業務を遂行する上で、最低限の英語力
- 英検（実用英語検定）　　　準1級
- TOEIC　　　　　　　　　　800点
- 国際秘書検定　　　　　　　プライマリー試験合格

英語で業務を遂行する上で、望ましい英語力
- TOEIC　　　　　　　　　　900点
- 国際秘書検定　　　　　　　ファイナル試験合格

　特に、日本秘書協会が実施する国際秘書検定は実際の秘書業務に即した試験内容になっていますから、ファイナル試験に合格ともなれば、上記の（1）～（3）の業務を遂行できる英語力を備えているとみてよいのではないかと思います。

COLUMN 2　　　　　　　　　　　　　　　　　Tips for Secretaries

「攻め」と「引き」

　この章では「何にでも対応するのが秘書」と書きましたが、これは必ずしも「何でも〈自分で〉対応しなければならないのが秘書」とイコールではありません。**自分の限界を知り、これ以上は自分では対応しかねると判断をするのもまた大切なこと**です。英語関連の業務でいえば、「ここまでは秘書業務として自分でやるべきだが、ここから先は外注すべきである」という見極めを正確にかつ迅速につけること。そうでないと、かえって時間がかかったり不正確なものを提出してしまって、上司や周りに迷惑をかけかねません。

　以前、大先輩にあたる故石川愛さん（前日本秘書協会理事長）のご著書で、印象的なコラムに出会いました。それは、「秘書は『攻め』と『引き』の両方を知るべき」という内容でした。確かに長年、上司と苦楽を共にしていますと、「上司のことは何でもわかるし、何でもできる」と思ってしまいがちですが、それではいけないのだ、と石川さんは率直にご自身の経験をお書きになっていました。私も肝に銘じて仕事に当たらねば、と思ったものです。

　以前の職場の上司は、それまではアドミニストレイティブアシスタントの業務に入っていた翻訳を可能な限り外注にするという方針を打ち出しました。翻訳の仕事は時間を取られ、かつ集中力を要するため、他の業務への影響を心配してのことでしたが、これも一理ある判断だったと思います。

　では具体的には、どこまでが秘書業務の範囲かと聞かれると、**国際秘書検定のファイナル試験に出題される程度の内容**は、秘書がカバーすべき内容になると判断していいのではないでしょうか。詳しくは問題集などで確認していただければと思いますが、ファイナル試験の出題には、お礼状作成やアポイントメント依頼、上司出張時の手配依頼、それほど複雑ではない文書の翻訳（英語→日本語／日本語→英語）、英語での簡単な財務諸表の作成などが含まれます。ここまで業務をこなせるようになるには相当の訓練と経験、努力が必要ですが、言葉を変えれば「日英両語で業務ができる」ということは、**秘書として高い市場価値を持っている**、ということです。

第2章 英文ビジネスレターの構成

① 英文レター2例

　ビジネスレターについて語るにあたり、まずは2通のレターをご覧いただきたいと思います。これらは実際の研修で、以下の課題に基づき、秘書職にある2人の方に書いていただいたものを若干加筆・訂正したものです（課題は実在する会社や個人とは一切関係ありません）。

[課題]
　あなたはトランスワールド社社長の佐藤氏の秘書をしている。過日、佐藤氏から「ABC社の社長であるバーバラに出張時のお礼状の草案を作っておいてほしい。夕食もご馳走になったし、またお目にかかりたい、と。そうだな、それから、あなたも知っているとおりウチの会社はABC社と業務提携の話を始めたから、その件も今後前向きな進展を願っている、くらいの内容でお願いします」という指示を受けた。

英文レター　例1

December 12, 2012

Ms. Barbara Smith
President and Chief Executive Officer
ABC Company Limited

Dear Ms. Smith:

Thank you very much for the hospitality you extended to me during my recent visit.

I was really impressed with the high quality of the dinner you served.

I would like to thank you again for everything you did for me to make my stay pleasant and look forward to having the further discussion on our collaboration.

Sincerely yours,

Masa Suzuki
President
Transworld Ltd.

英文レター　例2

December 12, 2012

Ms. Barbara Smith
President and Chief Executive Officer
ABC Company Limited

Dear Barbara,

It was a great pleasure to meet you and your team last week. I believe we had a productive meeting, followed by the excellent dinner.

As we discussed over dinner, I am glad that ABC Company and Transworld have initiated a discussion regarding the potential future collaboration; I

> strongly believe that our new partnership would become a key cornerstone to achieve a mutually beneficial outcome.
>
> Once again thank you for your time to meet me. I wish you and your people the continued success and progress.
>
> Sincerely,
>
>
> Masa Suzuki
> President
> Transworld Ltd.

　例1と例2をご覧になって、いかがでしょうか。実は、例1も決して間違ってはいません。文法的にも特に「致命的な誤り」があるわけでもありません。しかし、例1と例2では文章量（例2のほうが見た目にも多いということ）以外に、「読みやすさ」や「情報量」が違うことにお気づきになりましたでしょうか。

例2は話の流れがスムーズで読みやすい

　「日本人の書くメールは話が唐突に変わるため、びっくりする」と言うネイティブにお会いしたことがあります。

　つまり、例1のように、ぽつんぽつんと「おいしい食事ありがとう」「またお会いできることを楽しみにしている」…と点描風に書き連ねてあるメールが案外多いのです。

　このような「点描メール」になることを防ぐために、以下のような"つなぎ言葉"を活用することをお勧めします。

・「まず最初に…」「次に…」「それから…」「最後に…」（First … / Next … / Then … / Finally …）
・「さて［ところで］、前回の会議ではxxxについてお話しいたしましたが…」（By the way, we talked about xxx …）

- 「お目にかかった折、お話ししましたとおり…」(As we discussed at the last meeting, ...)
- 「このあいだのお電話の件でございますが…」(Regarding [About] our phone call the other day ...)
- 「このお手紙はxxxの件で差し上げています」(I am writing to you about xxx.)

例2は、読んで、書き手にまた会いたくなるような、一歩踏み込んだ表現が入っている

　上司からの指示は「出張時のお礼状の起草」でした。しかし、それだけではなく、「業務提携が今後も前向きに進展するよう願っている」の一文を入れてほしいということがこの課題の大きなポイントです。

　和文では出張のお礼状といえば、「所期の目的を達成することができました」と書けばすみます。しかし、英語でのお礼状には"所期の目的"の部分を明確に書かなくてはなりません。今回の課題の場合、「業務提携の話」は、業務提携が進む → 両社の相互発展につながる、ということですから、ここを想像できれば秘書の草案のレベルであっても、この内容をレターに盛り込むことができるのです。

　例2は、有意義な会議ができたことへの感謝から始まり、会食のお礼を挟みつつ、今後の業務提携について言及し、「両社の協力がお互いの利益につながる」というところまで踏み込んで書いています。この、**踏み込んで書いてみる**という姿勢は草案を書く上で大切なことです。忙しい上司任せにせず、秘書が草案を練り上げるという姿勢をぜひ持っていただきたいと思います。

　内容の吟味は上司がするにしても、提案は秘書でも可能です。削るかどうかは上司の判断。上司に提出するときにひとこと、「ご指示にありました『業務提携』に関して、このように書いてみましたので、ご判断をお願いします」と言い添えればいいのです。

② 英文eメール、英文レターの構成

では、どのように英文eメール、または英文レターを構成すればよいでしょうか。原則的には、次のような構成を常に心がけるようにしてください。

英文レターの構成

Dear Ms. Smith,	(a) 呼びかけ部分
-------------------------------	(b) 挨拶
------------------------------------	(c) 本文
------------------------------------	(i) レター／メールの目的
------------------------------------	(ii) メッセージ

------------------------------------	(d) 締めくくりの挨拶
Sincerely,	(e) 結辞
Mari Suzuki	(f) 署名
Number One Trading Co., Ltd.	
Tel: 81-3-5544-1234 (Direct)	
Fax: 81-3-5544-1211	

(a) 呼びかけ部分

　Dear Mr. xxxの部分で、英語ではsalutationと呼ばれます。英文レターの時代には「正式な手紙にはコロン（：）、略式の手紙にはカンマ（，）を名前のあとにつける」と習いましたが、英文eメールであれば、カンマで統一してもかまわないと思います。

　よくある間違いは、呼びかけ部分でDear Mr. John Smithのようにフルネーム（姓名）にMr.などの敬称をつけてしまうことです。**敬称はラストネーム（名字）にのみ、つけることになっています**。Dear Ms. Keikoのように**ファーストネーム（名前）に敬称をつけるのも誤り**です（インサイドアドレスにはフルネームに敬称をつけます。25ページ参照）。

　ちなみに、宛名が**女性の場合にはよほどの事情がない限り、Ms. で統一**してかまいません。ここで言う「よほどの事情」とは、先方が自分でMrs. Jane Flowersなどと書いてきたeメールやレターに対して返事を書く場合などです。こういうときには先方の意思を尊重して、Dear Mrs. Flowersと書くべきでしょう。

〈例〉
Dear Mr. Smith, ／ Dear Ms. White,
Dear Steve, ／ Dear Maria,

　名前がわからない場合にはDear Sir or Madam, を用いると以前は教えられたものですが、最近発行された内外の参考書を当たりましたら、これは使用を避けるように、という解説が多く見られます。このDear Sir or Madam, の代わりとして、役職名や手紙を送る対象名（Dear Human Resources Manager, Dear Customers, など）を勧める専門家もいます。迷ったときには上司の判断を仰ぐのも1つの解決策です。

　ちなみに、私の英文ライティングの恩師であるネイティブスピーカーによると、**To whom it may concern（関係各位）**を勧める、とのことでした。これは大変便利です。例えば紹介状などを依頼された場合、「担当者名どころか、組織名さえ知らされない」ことがあります。このように全く宛先が

わからないときに使える呼びかけです。

社内メールなど、同僚同士であればHi Jack, やHello Suzuki-san, のような書き方も可能ですが、くだけ過ぎにならないよう気をつけましょう。

COLUMN 3　　　　　　　　　　　　　　　　　　　　　　　Tips for Secretaries

上司は"Hi, Jack!"でも、秘書は"Mr. Smith ..."

　私が秘書をしていた頃に大先輩から厳しく言われていたことがあります。当時、アメリカ系企業の日本連絡事務所に勤務していましたので、アメリカ本国や諸外国からの訪問客が多い事務所でした。私の上司である日本人社長は気軽にファーストネーム、つまり名前で彼らを呼んでいました。そこで、私がついうっかり、"What can I do for you, Jack?"と言ってしまったら、先輩秘書から次のように注意されました。「決して、"Hi, Jack!"などとファーストネームで本社の人に呼びかけないこと。秘書は"Pleased to meet you, Mr. Smith."くらいの言い方でちょうどいい」。つまり、上司が名前で呼び合うからといって、秘書がいきなりファーストネームで呼ぶのは失礼にあたる、ということです。

　もちろん会社のカラーにもよるでしょうし、ビジター（訪問客）が「名前で呼んでください」と言うのであれば、それに従えばよいと思います。しかし、始めから秘書が「ファーストネームで呼びます」では気を悪くする方もいる、ということでした。ですから、社内のメールとはいえ、職位の高い人に出すときは少し気をつけたほうがよいかもしれません。

　そういえば昔、普段の仕事場では気軽に名前で呼び合う上司に対しても、社外の方々の前ではきちんとMr. Johnsonと、名字に敬称をつけて呼ぶ有能な秘書さんがおいでだったことを覚えています。

(b) 挨拶

　日本語でいう「時候の挨拶」にあたる文章を入れます。お礼であればThank you ～から始めてかまいません。

〈例〉

- It was good to meet you last week.（先週はお目にかかれてうれしかったです）
- It was a great pleasure to visit you last month.（先月は訪問させていただき、光栄でした）
- It was good to hear from you.（ご連絡ありがとうございました）
- Thank you for your email regarding the xxx.（xxx の件に対するメールをありがとうございます）
- We hope everything goes well with you.（お元気でお過ごしのことと存じます）
- Greetings from Tokyo.（東京からご連絡［お便り］差し上げています）
  ＊少し古い言い方ですが、便利なのでよく使われます。
- Hello / Hi!（（同僚などに）こんにちは！）

(c) 本文

(i) レター［メール］の目的

　まず重要な点は、和文を書くとき以上に、「このレター［メール］は何のために書いているか」をしっかりと押さえて書く、ということです。

〈例〉

- This is to confirm that our appointment is on Tuesday, November 20, at 2 p.m.（11月20日（火）午後2時にいただいたアポイントメントの件を確認させていただきます）
- I am writing to confirm the details of the next meeting.（次回の会議の詳細について、確認するためにメールしております）
- Today I have one thing to ask you regarding Mr. Konno's business trip.（今日は、今野氏の出張について、お願いごとがございます）
- I am writing on behalf of Mr. Suzuki about his attendance to the sales conference in San Francisco.（鈴木氏の代理として、サンフランシスコで開かれる営業会議への出席について、ご連絡しています）

慶弔の手紙やお詫び、お断りの手紙などは少し様相が違いますが（詳細は下記の「COLUMN 4」と第3章をご覧ください）、業務連絡を主とするレターやメールについては**「まず目的を先に書く」**を心がけてください。

(ii) メッセージ

次は伝えたいメッセージをできるだけ明快に書いていきます。文章は簡潔に、特に**重要なポイントは箇条書きにする**ことなどを心がけます。

この、「メッセージを書く」ときに悩むのが、言いにくいことを伝えるときや先方からの依頼などをお断りするときです。いい話ではないのでどこまで書くべきか悩みます。

結論から言いますと、断りたいときには「必要ありません」「お役に立てません」などというメッセージが正確に伝わる必要があります。ですから、丁重な言い方でありながら、ある程度ははっきり書かなければなりません。

COLUMN 4　　　　　　　　　　　　　　　　　　　　Tips for Secretaries

「本文」部分は型に当てはめて書くとラク

メールやレターの「本文」部分の組み立てには、「ダイレクトアプローチ（直接法）」と「インダイレクトアプローチ（間接法）」を知っておくと便利です。これは読んで字のごとくです。

- **ダイレクトアプローチ** → まず最も重要な目的や主題を書き、詳細を続ける
- **インダイレクトアプローチ** → 状況説明などから入り、目的や主題を後回しにする

[ダイレクトアプローチの例：求人広告]

We are seeking a new assistant starting immediately. She should be a native Japanese, having a good command of English. University graduates are preferred. More than 10-year experience is required to handle various tasks under time pressured environment ...（新しいアシスタント１名急募（←ここまでが主題）。日本人で英語堪能、大卒が望ましい。10年以上のキャリアが必要で、時間に追われる環境で様々な業務をこなせなければならない…）

[インダイレクトアプローチの例：稟議書の出だし]
　Given the present busy office environment, most assistants are obliged to work overtime even they are working dedicatedly. For example, 73% of them overworked more than 30 hours last month.（中略）These facts indicate that we need to hire a new assistant as soon as possible.（現在の多忙な状況の中で、ほとんどのアシスタントは献身的に働いているにも関わらず残業を強いられている。たとえば、彼らの73％は先月、30時間超の残業となった。（中略）（ここからが主題です→）これらの事実は我々が新しいアシスタントを1名、早急に雇い入れる必要があるということを示している。

　この２つの使い分けの判断基準として、日常的な業務関連のeメールやレター、社内メモなどはダイレクトアプローチでかまいません。しかし、お詫びやお断りなどはインダイレクトアプローチで書いたほうが読み手としても、「まあ、仕方ないかなぁ」という気になるでしょう。例えば、「ご招待ありがとう。とてもうれしいです」→「しかしながら、その日は出張で日本にいないのです」→「ご盛会を祈念しております」のようにです。
　また、秘書が書く文章の範疇を超えているかもしれませんが、提案書や稟議書も状況説明から入るインダイレクトアプローチのほうが向いていると思います。

(d) 締めくくりの挨拶
　日本語でいう「敬具」の直前の文章です。便利な言い方としては、以下のようなフレーズがあります。

- Thank you for your cooperation.（ご協力に感謝します）
- Thank you for your attention.（（メッセージに対して）気に留めてくださることに感謝します）
- Please contact me if there are any problems.（何か問題があれば、ご連絡ください）
- If you need more help, please let me know.（もし問題があれば、お知らせください）
- If you have any questions, please feel free to ask me.（もしご質問があれば、遠慮なくお問い合わせください）

(e) 結辞

　和文の手紙に「敬具」などの結辞が抜けていると、「教養がない人」と見なされるのと同様に、英文レターにも締めくくりの文句がないと、「この人は礼儀を知らない」と思われます。忘れずに入れるようにしましょう。代表的なものは、Sincerely, / Sincerely yours, / Best regards, などです。迷ったときはSincerely, が無難ですが、英文eメールでは Best regards, でも十分です。

(f) 署名

　最近は少なくなりましたが、今でもなおメールの署名が抜けている方がときどきいます。少なくとも会社名と電話番号、ファックス番号は必ず入れておきましょう。急いで電話で連絡したい、またはファックスで地図などを送りたい、というときにこの情報がメールから抜けていると本当に困るものです。電話番号とファックス番号には念のために、国番号(81)から入れておくことをお勧めします。

③ 英文レターの書式

　英文eメールでは気にしなくてかまいませんが、レター（手紙）で出すときには決まった書式を覚えておくと役に立ちます。大切なことは、以下の各要素の「順番」です。きちんと覚えるようにしましょう。

---

①レターヘッド　Letterhead

②日付　Date

・受取人の名前
・受取人の肩書き　　③インサイドアドレス　Inside Address
・受取人の会社名
・受取人住所

④呼びかけ　Salutation
（件名 Subject がここに入ることもあります）

⑤本文　Body

⑥結辞　Complimentary Close

⑦署名　Signature

⑧差出人の名前　Printed Name
⑨差出人の肩書き　Title

⑩タイピストイニシャル　Reference Initials
⑪（写し cc があれば、ここにその旨を表記）
⑫（同封物 Enclosure があれば、ここにその旨を表記）

英文レターの例

①
Number One Product, Co., Ltd.
3-5, 4-chome, Otemachi Chuo-ku, Tokyo Japan 100-0004
tel: 81-3-5555-0111 fax: 81-3-5555-0001

December 6, 2012 ②

Mr. John Black
Sales Director
The Leading Japan Inc.
4-1, 2-chome, Marunouchi
Chiyoda-ku Tokyo 100-0001
Japan

③

Dear Mr. Black: ④

⑤

Thank you for your interest in our products. We have a lot of product lines that will meet your needs.

I am enclosing a brochure which describes the details on our each product, its configuration, and its price. All of our products are easy to use, and we have received a great deal of delighted customers' feedback.

We are happy to visit you for further explanation to let you know the unique qualities of the products. I will call you next week to find out your availability as well as to discuss how we can assist your business with our prominent products.

I look forward to talking with you. Thank you for your inquiry to us again.

Sincerely, ⑥

Kumiko Ito ⑦

Kumiko Ito ⑧
Customer Service Manager ⑨

KI/mn ⑩

cc: Shigeru Ohara, Sales Director, Number One Product ⑪

Enclosure: Brochure 1 ⑫

① レターヘッド (Letterhead)

　レターヘッドとは会社名や住所、電話番号などが印刷された用紙のこと。日本語にすれば「社用箋」になるかと思います。**外国人上司や訪問客から「レターヘッドをください」と言われたら、「社用の便箋をください」**という意味です。

　もし手紙がとても長くなり、複数ページになってしまった場合には、慣習として2ページ目以降は普通の用紙でもよいことになっています(「2ページ目以降に使用するレターヘッド」を特別に作成している企業もあります)。2ページ目以降はページ数と日付、受取人名もしくは社名が入っていれば十分です。

〈例〉
　The Leading Japan Inc.
　Page 2
　December 6, 2012

② 日付 (Date)

　日付の記載法はアメリカ式とイギリス式（ヨーロッパ式）とで若干違います。

アメリカ式
　December 6, 2012
イギリス式
　6 December, 2012
　6 December 2012

　会社によって好みや規定が異なると思いますが、どちらかに統一して使うということにすれば、どちらでもかまいません。

③ インサイドアドレス (Inside Address)

　受取人の名前、肩書き、会社名、住所を入れます。名前は敬称＋フルネーム、肩書きは正式のものを入れます（肩書きは、どうしてもわからなければ省いてかまいません）。会社名や組織名は省略せず、正式な呼称を入れます。ここでいう「正式な」は、**当該企業や組織が公式に使っているもの**（例えば、ホームページや名刺などに記載されているもの）を指し、Co., Ltd. を Company Limited と書かなくてはならない、という意味ではありません。また、日本企業ですと K.K. を使用している企業も多いため、不安なときにはインターネットで調べてみることをお勧めします。

資料 アメリカの州名の略称

アメリカに郵便を出すときには2文字（大文字）の州名略称を使うことになっています。一般省略形との違いに注意してください。両方とも同じ州もあります。一般省略形は代表的なものを紹介します。

州名	郵便省略形	一般省略形
Alabama	AL	Ala.
Alaska	AK	Alas.
Arizona	AZ	Ariz.
Arkansas	AR	Ark.
California	CA	Calif.
Colorado	CO	Colo.
Connecticut	CT	Conn.
Delaware	DE	Del.
Florida	FL	Fla.
Georgia	GA	Ga.
Hawaii	HI	---
Idaho	ID	Id.
Illinois	IL	Ill.
Indiana	IN	Ind.
Iowa	IA	Ia.
Kansas	KS	Kans.
Kentucky	KY	Ky.
Louisiana	LA	La.
Maine	ME	Me.
Maryland	MD	Md.
Massachusetts	MA	Mass.
Michigan	MI	Mich.
Minnesota	MN	Minn.
Mississippi	MS	Miss.
Missouri	MO	Mo.
Montana	MT	Mont.

州名	郵便省略形	一般省略形
Nebraska	NE	Nebr.
Nevada	NV	Nev.
New Hampshire	NH	N.H.
New Jersey	NJ	N.J.
New Mexico	NM	N.Mex.
New York	NY	N.Y.
North Carolina	NC	N.C.
North Dakota	ND	N.Dak.
Ohio	OH	---
Oklahoma	OK	Okla.
Oregon	OR	Oreg.
Pennsylvania	PA	Pa.
Rhode Island	RI	R.I.
South Carolina	SC	S.C.
South Dakota	SD	S.Dak.
Tennessee	TN	Tenn.
Texas	TX	Tex.
Utah	UT	Ut.
Vermont	VT	Vt.
Virginia	VA	Va.
Washington	WA	Wash.
West Virginia	WV	W.Va.
Wisconsin	WI	Wis.
Wyoming	WY	Wyo.

④ 呼びかけ (Salutation)

　上記の英文レター（p. 23）を参照してください。1つだけ注意していただきたいのは、手紙の場合はDear Mr. Black: とコロン（:）をつけることが多いということです。現在では、「コロンはカンマでも可」とルールが緩くなってきていますが、**正式な手紙ではコロン**、と覚えておけばよいでしょう。

⑤ 本文 (Body)

上記の英文レター（p. 23）を参照してください。各パラグラフの役割が明確にわかるように書いていきましょう。

⑥ 結辞 (Complimentary Close)

いろいろありますが、Sincerely, で統一してもかまいません。Sincerely yours, のほうがより丁寧とも言われていますが、最近ではだいたい Sincerely, で通るようです。

⑦ 署名 (Signature)
⑧ 差出人の名前 (Printed Name)
⑨ 差出人の肩書き (Title)

何はなくとも、署名だけは忘れてはなりません。どうしても（差出人である）上司がつかまらず、秘書がサインをしなければならないときのやり方は、「上司の名前をサインして、スラッシュ（斜線）のあとに秘書のイニシャルを入れる」が適切だと考えます。

〈例〉

　Sincerely,

　[署名]

　Kumiko Ito
　Customer Service Manager

⑩ タイピストイニシャル (Reference Initials)

文書の差出人名（ここでは Kumiko Ito）のイニシャルを大文字で入れ、スラッシュのあとに、実際に文書をタイプ打ちした人物のイニシャル（ここでは秘書のイニシャルである mn）を小文字で入れます。これ以外にもいくつかスタイルはありますが、これで統一してよいでしょう。

⑪ 写し (cc, Carbon Copy)

英語では carbon copy, copy notation などと呼ばれます。同じ内容の手紙を他の人にも出していることを受取人に伝えるためのもので、氏名と会社名、肩書きを入れる方法が多く使われます。

⑫ 同封物 (Enclosure)

Enc. もしくは Encl. という略語を使うことも可能ですが、複数の同封物があるときにはEnclosures もしくはEncs. やEncls. と複数形にすることが慣例とされています。**同封物は内容と数量が明確に受取人に伝わることが肝要です。**

〈例〉

Enclosures: Brochure 2 copies

Enclosure: DVD "Sales Strategy 2013" - 1

COLUMN 5　　　　　　　　　　　　　　　　　　Tips for Secretaries

カーボンコピー？

英文レターの書式のうち、⑪の「写し」(cc) は英語で carbon copy というと習った方が多いのではないかと思います。これはその昔(？)、コピー機のない時代に同じ手紙を複数枚作成するために、タイプライターにカーボン紙を挟んでタイプを打ち、コピー（複写）を作っていた名残です。もはやカーボン紙など使わない現代でもこの呼び名が残り、「ccを入れる」「ccする」などと言います。しかしながら、米国の秘書協会（IAAP）が出しているハンドブックでは「きょうび、カーボン紙を使うオフィスはほとんどないだろうから『コピー (copy)』の c: で十分である」と堂々と記載しています。私の限られた経験では、cc: をc: としているレターは見たことがないのですが、まあ、c: にも一理ありますね。しかし、現実問題としては、慣れ親しんだcc: を使っても一向にかまわないのではないかと思います。

④ 英文レターについてのFAQ（よくある質問とそれに対する答え）

Q1 ビジネスレターは手紙にすべきですか？ eメールでもよいでしょうか？

　これはまず上司の判断を仰ぎます。「お礼状」は必ず手紙（書状）にすべきだ、という上司も実際にいますし、手紙のほうが丁寧な印象を与えることは間違いありません。上司から特に指示がなく、至急お礼をしないといけない事情がなければ、手紙で出してはいかがでしょうか。

Q2 先方の肩書きの英訳がわかりません。どうすればよいでしょうか？

　会社によって使用している名称が違うことが多いので、いちばんいいのは先方の秘書に確認することですが、諸事情でそれが難しく、また、調査してもわからない場合には肩書きを省くか、一般的な英訳をつけるのがよいのではないでしょうか。

Q3 宛名が複数のときは、敬称はどうすればよいでしょうか？

　以前は男性が複数の場合 Messrs.、女性が複数の場合 Mesdames. という敬称がありましたが、最近はあまり使われない傾向にあります（特に Mesdames. は、私自身は過去に一度も見たことがありません）。その代わり、Mr. もしくは Ms. を使って列挙する方法が取られることが多いようです。

〈例〉
　Dear Mr. Johnston, Mr. Smith, and Mr. White:
　Dear Ms. Johnston, Ms. Smith, and Ms. White:
　　＊3名以上の場合、最後の名前の前にandを入れます。
　Dear Mr. and Mrs. Smith:
　　＊ご夫妻の場合は Mr. and Mrs. でかまいません。

Q4 名刺にM.D.やPh.D.という記載があった場合には、どのような敬称にしたらよいでしょうか？

M.D.やPh.D.が名刺に記載されている場合は、原則としてインサイドアドレス及び呼びかけに反映させるべきです。

インサイドアドレスの「受取人の名前」の部分では、フルネームの後ろにカンマを打って、M.D.（= Medical Doctor 医学博士）やPh.D.（= Doctor of Philosophy 博士号）をつけます。この場合、Mr.やMs.などの敬称はつけませんが、大学教授であれば、Professorはつけたほうが無難です。

〈例〉インサイドアドレス「受取人の名前」部分

John Smith, M.D.　　　　　　　Kathy Brown, Ph.D.
Professor John Smith, M.D.＊　　Professor Kathy Brown, Ph.D.＊
＊教授職にも就いている場合

また、呼びかけの部分では、博士号（Ph.D.）をお持ちの方にはDear Dr. xxxとします。医学博士の場合は、厳密にはDr.の敬称はつけないのですが、日本では慣例でつける場合も多いので、念のため以下のような呼びかけを使ってください。さらに、この方が教授である場合、万全を期してProfessor Dr.とするケースもあります。

〈例〉呼びかけ部分

Dear Dr. Smith:　　　　　　　　Dear Dr. Brown:
Dear Professor Smith:＊　　　　　Dear Professor Dr. Brown:＊
＊教授職にも就いている場合

資料　一般的な肩書きの英訳例

肩書き（job title）は会社によって事情が違うことがありますし、時代の流れや流行廃りもありますので、実にいろいろな英訳が存在します。ここに載せたのは一般的な英訳ですが、参考にしてください。

- 取締役会長　Chairperson
- 取締役副会長　Vice Chairperson
- 取締役社長　President
- 日本代表　Japan Representative
- 副社長　Executive Vice President
- 専務取締役　Senior Managing Director
- 常務取締役　Managing Director
- 取締役（役員）　Director
- 監査役　Auditor
- 相談役（顧問）　Senior Adviser
- 部長（本部長）　General Manager
- 次長　Deputy General Manager
- 課長　Manager
- 係長（主任）　Section Chief
- 支店長　Branch Manager

- 最高経営責任者（CEO）　Chief Executive Officer
- 最高執行役員（COO）　Chief Operating Officer
- 執行役員　Corporate Officer

資料　身分の高い肩書きの英訳

肩書き	レターのインサイドアドレスや封筒の宛名に使う肩書き	レターの呼びかけ
Chief Justice（最高裁判事）	The Chief Justice Supreme Court	Dear Mr. Chief Justice
Governor（知事）	The Honorable FN LN	Dear Governor LN
Mayor（市長）	The Honorable FN LN	Dear Mayor LN

肩書き	レターのインサイドアドレスや封筒の宛名に使う肩書き	レターの呼びかけ
Representative in Congress（米下院議員）	The Honorable FN LN The House of Representatives	Dear Representative LN
Senator（米上院議員）	The Honorable FN LN The United States Senate	Dear Senator LN
President of a college [university]（大学学長）	President of 大学名	Dear President LN
Professor（大学教授）	Professor FN LN	Dear Professor LN

（＊LN = Last Name 名字／ FN = First Name 名前）

COLUMN 6　　Tips for Secretaries

肩書き・いろいろ

　企業によって肩書きはいろいろです。私が以前籍を置いていたコンサルティング業界でも千差万別で、同じ肩書きであっても会社によって職位が上だったり下だったりします。肩書きだけでは「どれくらいの地位の人か」を判断することができず、いちいちその会社のホームページで職階をチェックすることは日常茶飯事でした。名前と肩書きは思い込みで対応しますと大きな失敗につながりかねないので、念には念を入れてください。

　また、通常「執行役員」はCorporate Officerとしますが、Vice Presidentとしている名刺を拝見したことがあります。執行役員に「各事業の責任者」としての役割が求められている、という企業の意思がはっきり現れていて、良い表現だなと思いました。

　半分冗談のような話ですが、某米国企業では掃除の仕事をする人も名刺を持っていて、"Floor Supervisor"（床面管理者、くらいの意味か）という肩書きだとか。なるほど、確かに「床面に関しては私が責任を持って管理します」という仕事のやりがいにもつながるのかなと思いますね。

　ところで、アメリカ人宛てのレターの宛先に肩書きをつけないこともありますが、ヨーロッパ人は肩書きにとてもこだわる人が多いので注意が必

要です。聞いた話では、中欧のある国にお住まいの、とある夫人に手紙を出すときには、専業主婦であるその方にドイツ語でFrau Dr. Schmidt（英語ではMrs. Dr. Schmidt）と敬称をつけなくてはならないとのこと。事情を聞けば、その方のご主人が博士号をお持ちのDr. Schmidtであり、博士号の価値が大変高いその国では「××博士の奥様」であるということが重んじられるため、決してDr.を抜かしてはいけない…と。

　実はドイツ語では、その方自身がDr.である場合にもFrau Dr. xxxとするそうですが、自身は博士号を持っていなくても、「博士である夫を持つ妻」にDr.の敬称を使うあたり、「さすがヨーロッパ」と思ったのは私だけでしょうか…？

COLUMN 7　　　　　　　　　　　　　　　　　　　Tips for Secretaries

終身称号

　以前、上司から聞いたある人の話です。その人は、とある外資系企業の東京事務所立ち上げ期に仮事務所を設営し、米国本社会長の日本における秘書役を務めたことがあるのだそうです。ある日、その上司に「これから友人（注：実際にはファーストネームで呼んでいたそうです）が来るから部屋に通してあげて」と指示され、ハイと答えたもののSPに伴われて入ってきた人物を見た瞬間、「？！」。友人というのは、元アメリカ大統領だったそうです。実は、その方と彼女の上司とは古くからの友人。来日の際に、秒刻みのスケジュールの合間を縫って旧友に会いにきたその方に驚きつつも飲み物を差し上げようと、Mr. xxxと姓をお呼びしたら、後から上司に「大統領職に就いていた方には、たとえ退任した後であっても、存命中はMr. Presidentとお呼びするのだよ」と教えられたそうです。後から調べてみたら、確かにそうだったとのことですが、それにしても突然そのような状況に陥ったとしたら、私だったらパニックになって肩書きどころではなかったと思います。

COLUMN 8　　　　　　　　　　　　　　　　　　　Tips for Secretaries

秘書の肩書きについて

　秘書も名刺を持つ場合には、社内の規定に問題がなければ、英語の肩書きをつけたほうがいいでしょう。Secretary / Executive Secretary / Executive Assistant / Administrative Assistant / Assistant to Presidentなどです。肩書きをつけてもらうことで、やる気も自覚も出るのではないでしょうか。なお、最近の流行は "Executive Assistant" だと思います。Secretaryという単語はアメリカ国内ではあまり使われなくなっていますが、日本では「アシスタントよりもセクレタリーのほうが職務内容を明確に表している」という理由で、Secretaryを使うケースがまだ多いですね。イギリスでは、個人付き秘書はPersonal Assistantと称することが多いようです。

第3章 秘書が書く英文eメールと手紙

　秘書が書く手紙やeメールは（i）自分の名前で書くもの、（ii）上司の代理で書くもの、とに分かれます。もちろん、どちらでも書けるようにしておくことが必要ですが、（i）（ii）のどちらの立場で書くべきかを判断できるようにすることが肝要です。

　ここでは、あくまでも**「秘書が管理する」**範囲の文章に絞ってご紹介します。例えば、営業や売り込みの手紙、催促のメールなどはここでは扱いません。カテゴリーとしては、次のようなものになります。

（1）社内外のアポイント依頼とスケジュール調整
（2）出張手配
（3）お礼
（4）お詫び（アポイント変更）
（5）お祝い
（6）弔慰
（7）お見舞い
（8）その他

　例文の羅列ではなく、「これを覚えれば汎用性が高い」という文例をご紹介していきます。適宜、詳細部分を変更してお使いください。
＊英文レターの書式などについては、第2章をご覧ください。

第3章　秘書が書く英文eメールと手紙

(1) 社内外のアポイント依頼とスケジュール調整
　[秘書名で書く]

秘書の名前で書く代表的なメールがこのカテゴリーで、直接相手に書く場合と、相手の秘書宛てに書く場合とがあります。いずれの場合も、「**上司の代わりに書いている**」ということをまず伝えることが大事です。

社内の会議招集

> Dear All,
>
> 　Mr. Yashiro would like you to attend the sales meeting on Monday, January 21, at 10 a.m. in Room A. The agenda is:
> 　　1. Sales Forecast in Product X for February 2013
> 　　2. Promotional Campaign
> 　　3. Overseas Business Strategy
> He requests that all members be there with the most updated sales reports. If you have any conflicts, please let me know before January 7.
>
> Best regards,
> Mari Suzuki

日本語訳
関係各位、

八代社長からのお知らせです。来たる1月21日（月）午前10時からA会議室で開催される営業会議にご参加いただきたいとのことです。議題は次のとおりです。
　1. プロダクトXの2013年2月販売予測
　2. 販促キャンペーンについて
　3. 海外事業戦略
最新の営業報告書をご持参の上、万障繰り合わせてご参集くださいますようお

37

願いします。ご都合の悪い方は1月7日までに鈴木宛てにお知らせください。

Words & Phrases

* 「would like + 人 + to 不定詞」で「誰それに〜してほしい」です。「want + 人 + to 不定詞」を丁寧にした言い方ですが、命令口調に聞こえる、と言う人もいますので、お客様や外部の方などには使わないほうが無難と思います。その場合は、依頼文の Could you attend the sales meeting … ? とします。
* 日本語で「1月21日（月）午前10時」が、英語では on Monday, January 21, at 10 a.m. となっていることに注目してください。原則として、この「on 曜日 → 月・日 → at 時間」の順で書きますが、時間を強調したい場合にはこの限りではなく、at 10 a.m., on Monday, January 21 とすることもあります。ここでは年号は明白なので入っていません。
* 社内メールなので Best regards, を使っています。親しい相手ややり取りのある相手には、このように Best regards, や Regards, などを使うことができます。

社外のアポイント依頼

Dear Ms. Barton, executive assistant to Mr. White

I hope everything is fine with you.

This morning I was asked by Mr. Yashiro to contact you to make an appointment with Mr. White. According to Mr. Yashiro, he has already talked to Mr. White regarding this meeting over the phone.

Could you let me know his availability so that Mr. Yashiro can visit him early next week? Mr. Yashiro is available on the following dates:

    Monday, February 4, at 10 a.m.
    Tuesday, February 5, at 2 p.m.

第3章　秘書が書く英文eメールと手紙

Mr. Yashiro said it would take about an hour to cover all issues.

I look forward to hearing from you soon.

Sincerely,

Mari Suzuki
Executive assistant to Mr. Yashiro

日本語訳

ホワイト様秘書　バートン様
お元気でお過ごしでしょうか。弊社八代から、ホワイト様とのお約束を頂戴したいとの指示により、ご連絡差し上げております。八代によれば、当件についてはすでにホワイト様とお電話にてお話しし、ご承諾いただいているとのことです。
お手数ですが、来週前半に八代がお訪ねいたしたく、ホワイト様のご予定をお知らせいただけないでしょうか。八代は次の時間が空いております。
　　2月4日（月）午前10時
　　2月5日（火）午後2時
なお、いただくお時間は約1時間とお考えくださいとのことです。ご連絡をお待ちしております。

Words & Phrases ●

＊すでに何度か連絡を取っている相手なので、書き出しをI hope everything is fine with you. としています。日本語で「お元気でお過ごしのことと存じます」くらいの意味です。なお、英文eメールではHope everything is fine with you. と書くこともあります。私も使うことがありますが、ネイティブの英文ライティングの先生にいつも「主語を書くように」と直されました。ここでは **文法的に正しく書く** ということで、主語のIを付けています。

＊先方の秘書への連絡では「この件、（あなたの上司も）すでにご存じとの

ことです」の一文を付け加えたほうが親切です。この表現の例としては、Mr. Yashiro said Mr. White has already heard about that. やMr. Yashiro told me they have already agreed on the appointment. などがあります。

＊ ここではアポイントをお願いした側（Mr. Yashiro）が訪問することを前提にして書いています。上司からの特別の指示がない限り、アポイントをお願いする側の礼儀として、「御社をお訪ねします」と書いておくほうが無難です。もし先方が「いえ、こちらから伺います」と返事をしてきたら、上司と相談して、こちらから出向くか先方を迎えるかを決めればよいのではないでしょうか。

＊ I look forward to hearing from you. は学校でも何度も習っているかもしれませんが、toの後には動名詞ないしは名詞が続きます（to不定詞ではありません）。これも、Look forward to hearing from you soon. と主語を省いて書くことがありますが、ここでは主語を付けた表現を使っています。

COLUMN 9　　　　　　　　　　　　　　　　　Tips for Secretaries

Pretty good, thank you.

英会話でまず習う How are you? の返事として、Fine, thank you. や Pretty good, thank you. がありますが、お気づきのとおり "I am" が省略された言い方です。Nice to meet you. は It is nice to meet you. の "It is" が省略されています。別れの挨拶であるSee you soon. も主語の "I" が省略されています。これらの「話すように書く」やり方が英文eメールに持ち込まれた結果、主語抜きの表現が広く使われるようになったのだろうと推測しています。実際、頻繁にこの「主語抜き表現」は使われていますし、英文eメールは会話の延長にあることを考えると、やり取りが多く親しい相手であれば、これでもかまわないと思います。

アポイント依頼への返事

Dear Suzuki-san,

It's great to hear from you. Thank you for your email on Mr. Yashiro's visit to us. Mr. White is glad to see him on Tuesday, February 5, at 2 p.m. in our office.

Our head office is on the fifth floor of MT-7 Building, Kamiya-cho. Could you ask Mr. Yashiro to call me in the reception so that I will meet him there.

If you have any problems, please feel free to contact me.

Sincerely,

Eliza Barton
Personal assistant to Mr. David White

日本語訳

鈴木さん、

ご連絡をいただきうれしく思います。八代社長の弊社訪問の件、メールをいただきありがとうございました。ホワイトは2月5日（火）午後2時にぜひお目にかかりたいと申しております。

当社は神谷町のMT-7ビル5階にございます。八代社長に、お越しになりましたら受付からお電話をくださるよう、お伝えいただけないでしょうか。お迎えにあがります。

もし何かご不明な点がございましたら、遠慮なくお知らせください。

Words & Phrases

* 日本式の「〜さん（-san）」は、相手の性別に関係なく使える"便利な"敬称として、多くの外国人が使っています。何度かやり取りがあり、言葉の意味を知っている相手に対してであれば使ってもかまわないでしょう。しかしながら、たとえ相手が日本で働いている外国人であっても、初めてメールを差し上げる相手にDear Barton-san, などと書くことは避けたほうが無難です。

＊It's great to hear from you. は、すでに知っている相手に対して使い、「ご連絡をいただきうれしく思います」という意味になります。

初めて連絡する相手へのアポイント依頼

Dear Mr. White,

Your name and contact were given to Mr. Hidenori Yashiro, President of Number One Trading Co., Ltd. by Ms. Barbara Sawada, Marketing Director of Global Standard, Inc. I am his executive assistant, Mari Suzuki, writing to you on behalf of Mr. Yashiro.

Mr. Yashiro wonders if he could meet you to discuss the marketing opportunity in Indonesia. May I ask your assistant's name and contact details so that I can talk to her/him on this matter?

I look forward to hearing from you soon. Thank you for your help.

Sincerely,

Mari Suzuki
Executive assistant to Mr. Hidenori Yashiro
Number One Trading Co., Ltd.
www.numberonetrading.co.jp

日本語訳
グローバルスタンダード社マーケティング本部長バーバラ・サワダ様から、ホワイト様のお名前とご連絡先を弊社社長である八代が伺ったとのことで、八代のアシスタントである鈴木がご連絡を差し上げております。
八代が、インドネシアにおける市場機会について、ぜひお話しさせていただきたいと申しております。恐れ入りますが、ホワイト様の秘書の方のお名前とご連絡先をお教え願えませんでしょうか。この件につき、ご相談いたした

いと存じます。
ご連絡をいただけましたら幸いです。よろしくお願い申し上げます。

Words & Phrases ･････････････････････････････････････

* この場合、先方の秘書の連絡先がわからないのでご本人に連絡をしますが、スケジュールの話は秘書同士でするほうがスムーズですので、「秘書の名前と連絡先を教えていただけますか」という内容にします。こうするとたいてい、先方で自分の秘書にそのまま転送してくれることが多いです（その転送をccで送ってくださる方も少なからずいらっしゃいます）。その後は、秘書同士のやり取りとなります。
* Your name and contact were given to … by ~ は便利な言い方です。日本語でも「お名前を誰それさんから伺いまして」と言いますね。あれと同じニュアンスです。他にも、「refer ＋ 人 ＋ to ＋ 人」という表現もあります。
* 最初の連絡なので、念のために自社のURL（ウェブサイト）を入れています。会社や経営陣の写真、商品の写真などが先方の参考になる可能性もありますので、日本語のページしかない場合でも "Japanese only" の但し書きを添えてURLを載せておくのも一案です。

Additional Phrases（その他の表現）

- Ms. Barbara Sawada referred you to Mr. Hidenori Yashiro.（サワダ様からのご紹介でご連絡先を伺いました、八代と申します）
- When would be convenient for you?（いつがいちばんご都合がよろしいですか）
- How about Friday at 10 a.m. at your office?（金曜日10時にお伺いするのではいかがでしょうか）
- Where should Mr. xxx visit?（（弊社の）xxxはどちらへ伺えばよろしいでしょうか）
- Mr. xxx is out of the office in the morning, but he is available any time in the afternoon.（xxxは午前中は出かけておりますが、午後であれば何時でもかまいません）

- I will see Mr. xxx in the reception at 2 p.m.（2時に受付で xxx 様をお待ちしています）
- I am writing to confirm the appointment of the meeting next Monday on behalf of Mr. xxx.（xxx の代理で来週月曜日にいただいたお約束の確認でメールを差し上げています）
- This is to confirm the details of the meeting appointment with Mr. xxx on Friday, May 27.（このメールは、xxx 様と 5 月 27 日（金）にお目にかかるに当たっての詳細を確認するためのものです）

(2) 出張手配 ［秘書名で書く］

　上司の海外出張の際に、宿泊予約や出迎えの依頼などをすることも多いと思います。ここでは「丁寧に、かつ必要事項をもらさず書く」がポイントです。

ホテルに直接連絡する場合

　最近はオンライン予約サイトがありますので、直接ホテルに予約をお願いすることはほとんどないと思います。もし、急な出張や、オンライン予約サイトに出ていないホテルを予約することになったときには、次のような文章が一般的です。

> Dear Reservation Manager,
>
> I am writing on behalf of Mr. Hidenori Yashiro, President of Number One Trading in Tokyo, Japan. Would you please make a reservation for him with the following details:
>
> 　Guest name: Hidenori YASHIRO, Mr.
> 　Check-in date: February 12, 2013 Tuesday
> 　Check-out date: February 15, 2013 Friday (three nights)
> 　Room type: Double room with king size bed, Non-smoking

第3章　秘書が書く英文eメールと手紙

Also, he needs an airport pick-up service at John F. Kennedy Airport. Could you arrange the service for him? His arrival flight is JAL006, arriving at 9:55 a.m. on Tuesday, February 12.

Could you let us know the confirmation numbers for his room and transportation by return? I will fax you his credit card details for securing the booking then.

If you have any questions, please let me know. Thank you for your help.

Sincerely,

Mari Suzuki
Executive assistant to Mr. Yashiro
Number One Trading Co., Ltd.

日本語訳
予約担当マネジャー様

東京にあるナンバーワントレーディング社社長八代の代理でご連絡しています。以下の要領で予約をお願いできませんでしょうか。

　　宿泊者名：ヤシロ　ヒデノリ（男性）
　　チェックイン：2013年2月12日（火）
　　チェックアウト：2013年2月15日（金）（3泊）
　　部屋タイプ：ダブルルーム（キングサイズベッド）、禁煙

また、JFK空港での出迎えサービスもお願いします。到着便は2月12日（火）のJAL006便、午前9時55分到着予定です。

部屋と出迎えサービスの予約につき、予約確認番号を折り返しお知らせい

45

ただけないでしょうか。予約確定のために八代のクレジットカード情報をファックスにてお知らせいたします。

もし何かご不明な点があればお知らせください。よろしくお願いいたします。

Words & Phrases ・・・・・・・・・・・・・・・・・・・・・・・・・・・・・・・・・・・・

* 予約など、明確な用件があるeメールでは前置きなしにいきなり本題に入ってかまいません。
* 重要事項の「宿泊者名・チェックイン及びチェックアウト日・部屋タイプ」は抜け漏れがないように。本文と重複してもかまいませんので、箇条書きにしたほうが親切です。姓名の誤解がないよう、名字（last name）を全部大文字で書きましょう。
* 「空港で出迎えるサービス」にはいろいろな言い方がありますが、相手が英語を母国語としない場合でもわかりやすいのがan airport pick-up serviceです。有料がほとんどですが、深夜や早朝の到着になる場合や、タクシー事情が悪い地域の場合にはホテルにお願いすると安心です。
* 「予約確定のクレジットカード情報」は電話で知らせるよりは、ファックスを送ったほうが確実ですので、I will fax you … としています。ちなみに、email も fax も send と同じように動詞で使うことができます。
  例：I will email you his address.（彼のアドレスをeメールでお送りします）

海外の担当者等にお願いする場合

取引先や海外支社に宿泊予約などをお願いできる場合はもう少し気楽に書けると思います。以下は、取引先の秘書に上司の海外出張時における宿泊手配をお願いする場合です。

Dear Ms. Barton,

Hi, I hope everything is fine with you. Today I have one thing to ask you regarding Mr. Yashiro's business trip to New York.

He is going to visit NYC next month to attend the sales conference. I would appreciate it if you could help us book a hotel room at Global Hotel (136 West 28th East, tel: 212/334-5678) with the following details:

　Guest name: Hidenori YASHIRO, Mr.
　Check-in date: February 12, 2013 Tuesday
　Check-out date: February 15, 2013 Friday (three nights)
　Room type: Double room with king size bed, Non-smoking

Also, he needs an airport pick-up service at John F. Kennedy Airport. Could you arrange the service for him? His arrival flight is JAL006, arriving at 9:55 a.m. on Tuesday, February 12.

We'd really appreciate your help on this. If you have any questions, please feel free to ask me.

Sincerely,

Mari Suzuki
Executive Assistant to Mr. Yashiro
Number One Trading Co., Ltd.

日本語訳
バートン様

お元気でお過ごしのことと存じます。本日は、弊社八代（社長）のニューヨーク出張の件でお願いしたいことがございます。

来月、八代は営業会議出席のため、ニューヨークを訪問いたします。お手数ですが、グローバルホテル（住所：136 West 28th East、電話：212/334-5678）を以下の要領で予約していただきたく、お願いいたします：

宿泊者名：ヤシロ　ヒデノリ（男性）
チェックイン：2013年2月12日（火）
チェックアウト：2013年2月15日（金）（3泊）
部屋タイプ：ダブルルーム（キングサイズベッド）、禁煙

また、JFK空港での出迎えサービスもお願いしたいと思います。到着便は2月12日（火）のJAL006便、午前9時55分到着の予定です。

ご助力に感謝します。もし何かご不明な点があればお知らせください。よろしくお願いいたします。

Words & Phrases

＊大都市ですと、同じような名前のホテルが市内にいくつもある場合があります。また、同一ホテルチェーン内で「ｘｘホテル　エアポート」「ｘｘホテル　セントラル」などと紛らわしい名前が多いこともありますので、宿泊先を指定して取っていただく場合には、ホテルの正式名称と住所、電話番号を書いておくと先方が迷わずにすみます。

＊どこのホテルでもよい場合であれば、I would appreciate it if you could help us book a hotel room at an appropriate hotel.（どこかよいと思われるホテルで…）や、… at one of your preferred hotels（法人契約をしているホテルで…）などが使えます。

COLUMN 10　　　　　　　　　　　　　　　　　Tips for Secretaries

「UAでLAX経由SANまで予約しておいて」

「UAでLAX経由SANまで予約しておいて」とは、どういう意味でしょうか？海外出張の多い上司に初めてついたときに、このような指示を受けて面食らった、という話を聞いたことがあります。

これらは2レターコード、3レターコードと呼ばれるもので、航空会社名をアルファベット2文字で表したものを「2レターコード」、空港名をアル

ファベット3文字で表したものを「3レターコード」と呼びます。前者には日本航空＝JL、全日空＝NH、英国航空＝BA、ユナイテッド航空＝UAなどがあり、後者にはNRT＝成田空港、HND＝羽田空港、KIX＝関西空港、JFK＝John F. Kennedy国際空港（ニューヨーク）、LHR＝ロンドン・ヒースロー空港などがあります。

　もちろん、航空会社名をJAL, ANAと3レターで言っても一向に問題はありませんが（3レターコードも国際的に使われています）、旅行会社から送られてくる旅程表はたいてい2レターコードが使われているため、読み取れるようになっておくと便利です。慣れてくると、「NHのVIE行きはあいにく満席で、FRAかCDG経由であれば取れそうですが、いかがですか」（訳：全日空のウィーン行きは満席で、フランクフルトかパリ経由であれば取れそうです）などと旅行代理店からメールが届いても、すぐ判読できるようになります。

　航空会社コード表も空港コード表もインターネット上で見つけられますが、一例として、ena.travel/air/support/airList.html（航空会社コード表）、3letter.jp（空港コード表）があります。前者は各航空会社のロゴも入っており、見ていて楽しく旅情をかきたてられます（？）。後者は日本語でも検索できるのが便利です。

　ちなみに航空会社のことを英語で「キャリア」といいますが、綴りに注意。carry（運ぶ）の派生語であるcarrierが正しく、career（経歴）ではありません。

＊（本コラムのタイトルは「ユナイテッド航空でロサンゼルス経由、サンディエゴまで予約しておいて」という意味です）

海外からの訪問客を出迎える場合

　逆に、海外からの訪問客を出迎える場合もあります。こちらで招いたり、重要な案件で来日する来客については、簡単な旅程表（itinerary）を添付して送るとよいでしょう。秘書が空港で出迎えるよりも、社用車やタクシー会

社、リムジンサービスなどのドライバーが出迎えるケースのほうが多いと思いますので、その場合は以下のような文面にします。

Dear Mr. Smith,

We hope you are well. Today I am writing about your upcoming Tokyo visit.

As the attached itinerary, you are going to be picked up at Narita Airport, on Tuesday, February 5. A driver with the name board will be waiting for you at the exit barrier in Terminal 2, then he will drive you to Imperial Hotel.

The driver information is as follows:

Driver's name: Mr. Nakata
Driver's mobile number: +81-80-1245-0987 from US cellphone

If you have any questions or problems, please let me know anytime. My phone numbers are as follows:

  Mari Suzuki
  +81-3-5544-1233 (Direct) +81-3-5544-1200 (Switchboard)
  +81-90-1133-5988 (Mobile)

We look forward to seeing you soon.

Mari Suzuki
Executive Assistant
Number One Trading Co., Ltd.

第3章　秘書が書く英文 e メールと手紙

日本語訳
スミス様

お元気でお過ごしのことと存じます。間近に迫りましたご来日の件にて、ご連絡差し上げております。

添付の旅程表のとおり、2月5日（火）の成田空港ご到着時には出迎えを手配いたしております。ドライバーがターミナル2の到着ロビー出口付近で、ネームボードを持ってお出迎えし、そのままインペリアル・ホテルへとお連れいたします。

念のため、ドライバーの連絡先を以下に記します。

　　ドライバー名：Mr. ナカタ
　　ドライバー連絡先：+81-80-1245-0987（米国の携帯電話からかける場合）

もし何かご質問や問題がありましたら、いつでも私にお知らせください。私の連絡先は次のとおりです。

　　鈴木麻里
　　+81-3-5544-1233（直通）　+81-3-5544-1200（代表）
　　+81-90-1133-5988（携帯）

一同、お目にかかれますのを心待ちにしております。

Words & Phrases ●

＊参考までに、空港や駅などで「出迎える」はmeetを使います。（例）I will meet you at the north exit, Tokyo Station.（東京駅北口でお出迎えいたします）
＊社用車やリムジンサービスなどで迎えの車を手配した場合は、お客様の名

前を書いた札（name board）を持って税関出口付近（税関を終えて出てくるドアのところ）で待つ、というのが一般的です。このやり方は万国共通（？）のようで、迎えられる側もわかっているため、あまり心配しなくて大丈夫です。

＊秘書の連絡先は、会社の直通電話の番号と携帯電話の番号の両方を記します。もし、会社の代表番号がある場合は書き添えておくと丁寧です（switchboardは本来「電話交換台」の意味ですが、転じて「代表電話番号」の意味で使えます）。海外、もしくは海外キャリアの携帯からかけてくることを考えて、国番号から書きます。

COLUMN 11　　　　　　　　　　　　　　　　　Tips for Secretaries

IとWeの使い分け

　英語で書くときに「IとWeはどのように使い分ければいいか」と聞かれることがあります。これは日本語の感覚とほぼ同じと考えてかまいません。手紙の差出人の立場で発言しているときはI、会社や人々の集合の代表としての立場で発言しているとき（例えば、上司を含んで「我々はあなたにお目にかかれるのを楽しみにしている」と書くような場合）はWeにすればよいとされています。50ページの例でいえば、手配をしている秘書が「連絡している」のでI、一同が「お目にかかれるのを楽しみにしている」のでWeです。

参考：旅程表（itinerary）
　旅程表は特に決まった書式があるわけではないので、これでなくてはならないということはありません。大事なことは「日時を間違わないこと」。特に時差や日付変更線を越える海外出張の場合は注意が必要です。

第3章　秘書が書く英文eメールと手紙

旅程表の例

Itinerary for Mr. Charles Gouldon
All US Conference 2013
Feb 12 – 17, 2013

Feb 12 (Tuesday)
- 4:05 p.m.　Leave Narita via UA898
- 10:15 a.m.　Arrive New York, JFK
- Airport pick-up service is arranged

Central Park Marriot
Central Park, 5th E 10th W
New York City, NYC
Tel: 1-212-987-1234　　Fax: 1-212-987-1555
Confirmation No. 13986CD

- 3:00 p.m.　Pre-meeting with Mr. Chang at Park Meeting Room, Marriot (2nd fl)
- 5:00 p.m.　Cocktail starts at Hudson Bar, Marriot (5th fl)
- 6:00 p.m.　Dinner (sitting) at Charles Dickens Dining, Marriot (5th fl)

Feb 13 (Wednesday)
- 7:00 a.m.　Breakfast at Hudson Bar
- 9:00 a.m.　All US Conference starts at Park Meeting Room
  *Dress code: Business casual
- 12:00 noon　Lunch Break
- 1:00 p.m.-- 4:00 p.m.　Workshops (places TBA)
- 5:30 p.m.　Ban leaves for Top of the New York at the front desk, Marriot
- 6:30 p.m.　Official Dinner (sitting) at Top of the New York

53

                    *Address: 55th fl, Central Park Bldg., 160 East 48 St
                     New York
                    *Tel: 212-955-1355
    10:00 p.m.   Ban leaves for Marriot from the restaurant

Feb 14 (Thursday)
    all day   Market visits (divided by several groups, details TBA)
                    *Dress code: Casual
                    *Time and place for breakfast is the same as the
                     previous day
                    *Lunch and dinner are provided by group

Feb 15 (Friday)
    7:00 a.m.   Breakfast at Hudson Bar
    9:00 a.m.   Grand wrap up at Park Meeting Room
    11:30 a.m.   All US Conference ends
    TBA   Individual meeting with Mr. Chang
                    (It will be confirmed soon by Ms. Rung)

Feb 16 (Saturday)
    7:00 a.m.   Leave Marriot for JFK
    11:10 a.m.   Leave New York, JFK via UA897

Feb 17 (Sunday)
    3:30 p.m.   Arrive Narita
                    Mr. Sasaki will meet you in the arrivals area
                                                            – end –

Words & Phrases ●
＊アメリカ人はどちらかというと、24時間制よりも12時間制になじみがあ
  る人が多いため、a.m.とp.m.で時間表記をしていますが、あまりこだわら

第3章　秘書が書く英文eメールと手紙

なくても大丈夫です。もし12時間制で旅程表を作る場合には正午は12:00 noonとします。
* 営業会議や懇親会などに参加する際、ドレスコード（服装規定）が決まっていれば記入しておくのが親切です。
* TBAはto be announcedの略で、「後日詳細決定」の意味で使われます。TBD (to be decided) も同様です。

Additional Phrases（その他の表現）
・ Could you do me a favor? （(同僚などに)お願いしたいことがあるのですが）
・ Could you arrange someone to meet Mr. xxx at the airport? （空港でどなたか、xxx（当方の出張者）を出迎えてくださるよう、お手配いただけないでしょうか）
　　＊秘書などに頼むときの言い方
・ Mr. xxx will meet you in the arrivals area, Terminal 1. （xxxが第1ターミナル、到着ロビーにてお出迎えいたします）
・ May I know the best way to get to the airport? （空港に行く最もいい方法を教えていただけますか）

COLUMN 12　　　　　　　　　　　　　　　　　　Tips for Secretaries

プライベートジェットでの来日

　過去に一度だけ、プライベートジェットで来日するお客様のアレンジをお手伝いしたことがありました。プライベートジェットは専門の受け入れ業者がいるので、そことのやり取りが必要となります。もう8年近く前のことになりますので、記憶が定かではありませんが、当時は羽田空港のちょっと寂れた感じの専用エリアに到着し、その後空港ビルに移動して入国審査、という手はずだったと思います。離着陸規制が厳しく、確か1週間以上前にフライトプランを提出する必要があったと記憶しています。調べてみたところ、日本のプライベートジェット（ビジネスジェット）に対する施設整備および法令整備は諸外国に比べて大きく立ち遅れていて、まだまだこ

れからの分野だそうです。ちなみに2012年3月、成田空港にプライベートジェット専用ターミナルが完成したとのことで、ぜひ一度見学してみたいものです。

(3) お礼 ［上司名で書く］

　上司が出張から戻ってきた後やいただきものをした場合など、上司の名前でお礼状を書くことがあります。第2章に書きましたとおり、上司からの指示があったこと以外に書けることがあれば付け加えてみましょう。送る前に、上司には「ご覧いただいて、直してくだされば幸いです」と言って、確認をするようにしましょう。

出張のお礼

Dear Mr. Smith,

Thank you very much for your hospitality in New York. I returned here safe and sound yesterday.

I really enjoyed the trip and productive discussions we had over the excellent dinner. Through the conversation, I got a clearer picture about our collaboration project. Also it was great to finally meet everybody in your firm.

I will get back to you as soon as our management team review your proposal here.

Again thank you for your continued support. I look forward to working with you soon.

Sincerely,

第3章　秘書が書く英文eメールと手紙

Hidenori Yashiro
President
Number One Trading Co., Ltd.

日本語訳
スミス様

ニューヨークではお世話になり、本当にありがとうございました。昨日無事に帰着いたしました。

大変良い出張であり、素晴らしい夕食をいただきながらのディスカッションはことに有益なものでした。お陰さまで、御社との共同事業に関してより明確な理解を得ることができました。また、御社の皆様とついにお目にかかれたのも大変うれしいことでした。

いただいた提案書を弊社取締役会と討議し、できるだけ早めにご連絡いたします。

ご助力に重ねてお礼申し上げます。ご一緒に仕事をするのを楽しみにしております。

Words & Phrases

* safe and soundは「無事に」という決まり文句です。昔からよく使われるため、いささか古風な響きはありますが、上司が使うのであれば問題ないでしょう。
* 「get back to + 人」で「〜にあらためて連絡をとる、返事をする」という意味になります。reply toとほぼ同じ意味です。
* Thank you for your continued support. で「引き続きのご愛顧、ご助力に感謝申し上げます」という意味になり、文章の締めの言葉としてよく使われます。

いただきものへのお礼

昇進時のお祝いや季節の贈り物などのお礼状も書く機会は多いものです。「Thank you で始めて thank you で終わる」という構成で、その間に具体的なメッセージを挟む「サンドイッチ方式」ですと、説得力が増します。

Dear Ms. Barton,

Thank you so much for sending me a beautiful Royal Selangor picture stand as a promotion gift for me.

I know you and your company have always been with us to expand the business in this difficult market. I am sure we can work together, earn together, and keep up growing together!

Again, thank you for your consideration. See you very soon.

Sincerely,

Hidenori Yashiro
President
Number One Trading Co., Ltd.

日本語訳

バートン様

この度は、小生の昇進祝いに美しいロイヤルセランゴールの写真立てを頂戴しましたこと、深謝申し上げます。

これまで、御社と貴殿がこの難しい市場において、常に私どもと協働し、事業拡張に尽力くださってきたことは自明であり、今後も共にさらなる成長をご一緒に成し遂げていくことができると確信しております。

第3章　秘書が書く英文eメールと手紙

ご配慮に心から感謝します。近いうちにお目にかかれますように。

Words & Phrases •

＊書き出しに困ったら、何をさておいても「Thank you for sending ＋人＋贈り物名」で乗り切ることができます。**贈り物名は具体的に書く**ことがポイントです。

＊Royal Selangor は、マレーシア産の錫（ピューター）製品の高級ブランド名です。

＊keep up –ing または名詞で「今後も～する」という未来への展望を表すことができます。（参照）Please keep up the good work.（これからもいい仕事を続けてください）

＊この手紙はよく知っている方へのお礼状であるため、ビジネスレターとはいえ、少し柔らかめの表現になっています。たとえば「！」(exclamation mark) を第2パラグラフの最後に使っていますが、この「！」ひとつで手紙が親しみ深い雰囲気に変わっています。顔文字はどうかと思いますが、「！」は多用し過ぎない程度に使ってみてください。

Additional Phrases（その他の表現）

・I am grateful for your help.（ご助力に感謝します）
・I appreciate your kind words.（優しいお言葉に感謝します）
・Thank you for your kindness.（ご親切に感謝します）
・It was an enjoyable and informative event / conference.（とても楽しく、かつ有益なイベント／会議でした）

COLUMN 13　　　　　　　　　　　　　　　　　　　Tips for Secretaries

「旬のタケノコをいただいて…」

　生徒さんから聞いた話です。彼女の同僚が異動で新しい上司につくことになり、早速お礼状の代筆を依頼されたときのこと。上司は「贈り物をいただいたので、お礼状を出しておいて」と指示をしただけでしたが、その新し

い秘書は贈り物につけられていた送り状伝票を見て品を確かめ、「旬のタケノコをいただき、ありがとうございました。大好物ですので皆でおいしくいただき、心身ともに健康になりました」という一文を書き添えたそうです。それを読んだ上司は、「このお礼状を受け取った人はうれしいね」と大喜び。その上司＝秘書チームは、幸先の良いスタートを切ったのだそうです。

(4)お詫び（アポイント変更）[秘書名で書く]

　お詫びは、いきなりI am [We are] really sorry … から始めてかまいません。理由を簡潔に述べて、新たな提案をするようにします。また、これはスケジュールがからむことですので秘書が書くのが普通です。

アポイント変更のお詫び

Dear Ms. Barton,

I am really sorry, but I have had to change the appointment you gave us.

Unfortunately Mr. Yashiro has to stay in San Francisco for an urgent meeting for the last week of October. It means he needs to rearrange the meeting with Mr. White, scheduled for Thursday, October 28.

He wonders if he could ask Mr. White to move the meeting to Monday, November 1. May we know if Mr. White is available on the day?

Again I am sorry for the inconvenience. I hope to hear from you on this matter.

Sincerely,

第3章　秘書が書く英文eメールと手紙

> Mari Suzuki
> Executive Assistant
> Number One Trading Co., Ltd.

日本語訳
大変申し訳ございませんが、いただいたアポイントの変更のお願いでございます。

弊社の八代（社長）が10月最終週に緊急会議のため、サンフランシスコに滞在しなければならなくなりました。そのため、10月28日（木）に予定していただいたホワイト様との会議のアポイントを変更する必要が生じております。

もし可能であれば、同件を11月1日（月）にご変更いただけないかと存じまして、ホワイト様のご都合をお教え願えませんでしょうか。

ご迷惑の段、重ねてお詫び申し上げます。ご連絡いただければ幸いです。

Words & Phrases

* I am really sorry（お詫び）→ Unfortunately …（理由）→ He / She wonders if …（代替案）→ Again I am sorry …（お詫び）という組み立てになります。
* He wonders if he could ask … は仮定法を使った丁寧な言い方です。日本語では「〜をお願いできないかと案じておりまして」というニュアンスになります。
* アポイントの変更など日常茶飯事ではありますが、こちらの都合で変更をお願いするわけですので、できる限り丁寧に。

Additional Phrases（その他の表現）

- I am sorry (that) I will not be able to attend the meeting on Monday, August 10.（8月10日（月）のミーティングに参加できないことをお詫びします）
- I am sorry for not writing to you sooner.（お返事が遅れたことをお詫びし

ます）

- Mr. xxx has just called me to let you know that he will be late for the meeting at your office, starting at 1 p.m. due to the heavy traffic.（交通渋滞のため、午後1時から御社で行われる会議に遅れると xxx から連絡がありました）

注意：" due to more important issues " はご法度！

　一度、Sorry he cannot have a meeting because he has more important issues now.（申し訳ございませんが、もっと重要な案件ができましたので）と書いたお詫びメールを見て唖然としたことがあります。理由を全く書かないのも違和感がありますが、「（あなたとの約束より）もっと重要な用件が…」というのは、いくらそれが本当であっても（！）ご法度です。本当の理由をあまり言いたくない場合には、「緊急に海外に行くことになりまして」あたりが無難でしょう。

(5) お祝い

　前置きもなく、いきなり「おめでとうございます」から始めてかまいません。決まりはないものの、昇進や表彰などのお祝いであれば I am pleased … / I am delighted … / I am glad … で始め、結婚や子女の誕生などの個人的な事項については Congratulations … で始めると、落ち着きがよくなります。

参考フレーズ

I am delighted to know your promotion to Executive Officer in charge of marketing and would like to offer you our warmest congratulations. We believe you deserve it given that your significant contributions to the company. マーケティング執行役員へのご昇進おめでとうございます。ご貢献の数々を鑑み、今回のご昇進に十分に値すると確信しております。

*

第3章　秘書が書く英文eメールと手紙

On behalf of all management team members at Number One Trading, I would like to express our congratulations on your outstanding sales performance. We have been strongly impressed with your dedication, expertise, and energy. We all are convinced of your brilliant future.
ナンバーワントレーディングの経営陣一同を代表いたしまして、貴殿の卓越した営業成績を祝します。私どもは貴殿の熱心さ、知見、そして情熱に強く感じ入るところです。当社経営陣一同、貴殿の輝かしい未来を確信しています。

*

Would you accept our sincere congratulations on the opening of your new office in Nagoya. We are sure that it will significantly expand your business in central Japan area.
名古屋支社開設、おめでとうございます。中部地方における貴社社業の一段のご発展を確信しております。

*

Congratulations on the marriage for your son, James and his beautiful fiancée, Katherine. May this newly-wed couple has a happier than ever life. Our very best wishes for a wonderful, fulfilling life for them.
ご子息ジェームズさん、そして美しい婚約者キャサリンさんのご結婚おめでとうございます。この新婚夫婦が今後ますます幸せな人生を送られますように。素晴らしく充実した人生をお祈りいたしております。

*

Our warmest congratulations on the birth of your first daughter, Emily. Your wife and you must be thrilled and more than happy to have a new family member. All good wishes for this beautiful girl!
第一子エミリーちゃんのご誕生おめでとうございます。新しい家族を迎え、ご夫婦とも大変喜んでおられることと存じます。この美しい赤ちゃんに幸あれと祈ります。

*

Congratulations on receiving the Grand award! I was so happy for you when I saw the news in the paper. You deserve such a spectacular opportunity,

considering your hard working and dedication for a long time.
大賞受賞おめでとうございます！ このニュースを新聞で見つけ、大変うれしく思いました。これまでの熱心なお仕事ぶりを思うと、このような輝かしい栄誉を受けられるのにふさわしい方と存じます。

Words & Phrases

- You deserve it. はネイティブが好んで使う言い回しです。「あなたはそれに値する」という意味で、何か贈り物をするときなどに使えます。given that … は、「…を考慮に入れれば」といった意味です。
- expertise には経験と知識の絶妙なブレンドである「知見」という訳語がぴったりです。
- congratulationsは必ずsがつきますので、忘れないように。
- 「May + 主語 + 動詞」は「xx（主語）がますます〜するように」という意味の「祈念のmay」の用法です。

(6) 弔 慰

　日本語と同様、簡潔にお悔やみの言葉が伝わるように書けば十分です。業務上のお悔やみであれば、必要以上に飾る必要はありません。

参考フレーズ

Would you accept our deepest sympathy on your great loss. Although we have no words to express our sincere sorrow, your grief is shared by us. Our thoughts are with you and your family on this sad occasion.
訃報に接し、謹んでお悔やみ申し上げます。我々の悲しみはうまく言葉にできませんが、あなたの悲しみを分かち合うことはできます。我々の思いはこの悲しみのときに、あなたとあなたの家族と共にあります。

*

It was with deepest regret that we learned of the passing of Mr. xxx, your father. Although there is little consolation in a note, we want you to know that our thoughts are with you at this sad time. Please accept our sympathy and good wishes.

この度、お父上であるxxx様の訃報に接し、謹んでお悔やみ申し上げます。おなぐさめを言葉にすることはかないませんが、この悲しみの中で、我々の思いはいつもあなたと共にあることを知っていただきたいと思います。お父上のご冥福をお祈りいたします。

*

It was a great shock to hear the sad news. We wish to extend our condolences to all of you. With deepest sympathies.

悲報に接し、大変に驚きました。謹んでお悔やみ申し上げます。

*

なお、弔慰状をいただいたら返事を出します。簡単なものでかまいません。

Thank you for your sympathy on the passing of Mr. xxx.
Sincerely,

このたびはxxxの死去に関し、お悔やみをいただきましたことに深謝いたします。

Words & Phrases •

＊ the death を絶対に使ってはいけないということではありませんが、日本語同様「死」という直接的な表現は避け、the passing of xxx とか the loss とするのが一般的です。

＊ 以下のような言い回しは、悲しみに暮れている人に「わかっていない」と思われ、逆効果になりかねませんから、避けたほうがよいとされています。気の利いたことを言わなければ、などと思って書かないように気をつけましょう。

弔慰で"絶対"避けたほうがよい文句

NG Chin up.（元気出して）
NG You will get over it.（乗り越えられるでしょう）

NG Time heals all wounds.（時が全ての痛みを癒すでしょう）
NG He was too young to die.（亡くなるには若すぎる）
NG Gods only sends burdens to those who can handle them.（神は人が背負えるだけの苦難しか与えない）
NG At least he is not suffering now.（少なくとも彼は今は苦しんでいません）
NG He was old and had a good life.（彼は年配だったし、良い人生を送りました）

(7) お見舞い [上司名で書く]

　お見舞いも、親しい関係の方以外には簡単に書くようにします。"Get well soon."と書かれた市販のカードで送ってもかまいません。入院された方は美しいカードに心が慰められるようです。

参考フレーズ

I was surprised to know your disease. If there is anything I can do for you while you are laid up, please let me know. All of staffers here join me in sending very best wishes for a speedy recovery.
あなたの病気のことを聞き、驚きました。入院なさっている間に私にできることがあれば、なんなりとおっしゃってください。弊社社員一同、一日も早いご回復をお祈りしております。

*

We were so sorry to hear that you were in the hospital. In the meantime, we were relieved to learn that your illness is not so serious and that you are recovering quickly. Our management members are sending best wishes for your complete recovery. Also I am looking forward to seeing you again soon.
入院なさったとのこと、案じております。しかしながら、それほど深刻なご病気ではなく、また、快方に向かわれているとのこと、安心いたしました。我々経営陣一同、ご全快をお祈りしております。また、近いうちにお目にかかれることを楽しみにしております。

Words & Phrases

＊ be laid upは動詞layの受身形を使った言い方です。「横にさせられている」が転じて「病気や怪我などの理由で無理やりベッドに寝かされている」→「入院している」という意味です。

(8) その他

秘書が下書きをする可能性がある文章には、次のようなものもあります。

面会申し込みのお断り

面識のない方から「飛び込み」で会いたい、という面会申し込みが来た場合、お受けする場合には通常のアポイント調整と同じでかまいませんが、お断りする場合には「多忙につき」会えない旨を伝えます。それだけでは失礼な印象を与えますので、将来的には面会の可能性がある場合には、Shall we keep in touch.（連絡を取り合いましょう）などと付け加えます。今後会う可能性がないと思われる場合は、理由をかいつまんで述べた後、I hope that you could have fruitful discussions with prospective clients.（他社と良いお話になることを祈っております）などと、やんわりと書いてメッセージを締めくくります。

Dear Mr. / Ms. xxx,

Thank you for your email dated February 5 regarding the meeting appointment. I am delighted to know that your firm is interested in our business in Japan.

For the moment, however, my present schedule is inflexible. I am really sorry to say the meeting is unable to be made. Furthermore, we have acted as an exclusive agent for Transworld, your competitor, for more than five years; I do not think a meeting would be beneficial for either of us.

I hope that you could have productive discussions with qualified companies while you are here.

Thank you again for your interest. Please have a pleasant trip to Japan.

Sincerely,

Tomonori Nagata

日本語訳

2月5日付けのeメールでの面会お申し込みをありがとうございました。弊社の日本における事業展開にご興味をお持ちくださいまして、大変に光栄です。

誠に残念ながら、現在のところ予定が立て込んでおり、お目にかかれそうにありません。また、私どもは、御社の競合であるトランスワールド社の独占代理店を5年以上務めており、お目にかかれたとしてもお役に立てないのではと存じます。

今回のご来日中に、弊社よりもふさわしいと思われる企業と実りあるお打ち合わせができますことをお祈りします。

ご興味をお持ちいただいたことに重ねて感謝申し上げます。良いご旅行となりますように。

Words & Phrases

* regarding … は「…に関して」という意味で使います。about や concerning とほぼ同じ意味です。
* I am really sorry to say … は、「誠に残念ながら…」という意味で、言いにくいことを伝えるときの便利な決まり文句です。
* exclusive agent は、「独占代理店」「専属代理店」という意味です。つまり、「排他的な」ということです。

* for either of us は、「我々双方にとって」という意味です。双方にとって得策（beneficial）ではない、というメッセージです。
* productive や qualified など、ここでは前向きなニュアンスの単語を意図的に使っています。

就任のアナウンスメント

就任や入社のアナウンスメントは上司名で書きます。

参考フレーズ

Number One Trading Co., Ltd. is pleased to announce that Mr. Tomonori Nagata has joined the company as Managing Director effective April 1, 2013. Mr. Nagata will be responsible for overseas sales.

2013年4月1日付けで、永田友則が常務取締役としてナンバーワントレーディングへ入社しました。永田は海外営業を担当することとなります。

＊

I am writing to inform you that Mr. Tomonori Nagata has been promoted to Managing Director of Number One Trading, as of January 5, 2013.

Mr. Nagata joined Number One Trading in September 2008, has been in charge of various tasks including domestic sales, overseas sales, and business strategy development.

I would like to take this opportunity to ask for your continued support in his new capacity.

弊社、永田友則が2013年1月5日付けで常務取締役に昇進したことをお知らせいたします。

永田は2008年9月に弊社入社、国内営業や海外営業、経営企画などを歴任してまいりました。

引き続き、一段のお引き立てを賜りますよう、謹んでお願い申し上げます。

ご招待とその返事

　招待状も上司名で書きます。招待主を主語にする書き方とyouを主語にして受動態にする書き方がありますが、いずれにしても定型文を使うのが慣わしです。しかし、例えば上司夫妻が主催する非公式なパーティなど、正式なものでなければ、もっと気軽な文面を使ってもよいでしょう。

参考フレーズ

Number One Trading Co., Ltd. cordially invites you to a reception celebrating its 50th anniversary at Imperial Hotel on Friday, May 2, 2013 at 7:00 p.m.
当社50周年記念レセプションにご招待申し上げます。2013年5月2日（金）午後7時から、帝国ホテルにて開催いたします。

*

You are cordially invited to a company party to honor our former chairman, Mr. Charles Johnston on Friday, May 2, 2013 at 7:00 p.m. at Imperial Hotel.
弊社前会長チャールズ・ジョンストンの功績を称え、2013年5月2日（金）午後7時から、帝国ホテルにてパーティを開催いたします。

*

Emi and I are pleased to invite you to a dinner party on Friday, May 2 at 7:00 p.m. This is an informal opportunity to introduce Mr. Phil Smith, our new business director and his wife, Milla, to major business contacts in Japan. All directors and their significant others are welcomed to see them.
恵美と私は5月2日（金）午後7時に、晩餐会を開催いたします。これは、この度、弊社新事業担当ディレクターに着任したフィル・スミスとその奥方であるミラさんを日本の主要顧客に紹介する、非公式な会合の場です。弊社の全役員とその配偶者の参加を歓迎いたします。

　正式な招待状の形式例は次のようになります。時間表記は年号まで含めてすべてスペルアウト（数字ではなくアルファベットで書く）し、a.m.やp.m.

などの記号も使わないのが正式ですが、非公式なものであれば、わかりやすさを重視してアラビア数字で書いてもよいとされています。

正式な招待状の例：

Number One Trading Co., Ltd.
cordially invites you to a
cocktail hour and reception
in honor of their merger with
Progress Marketing Associates
Friday, the fourteenth of January
two thousand thirteen
from five to eight o'clock
Imperial Hotel

RSVP   Business attire

日本語訳
弊社は、PMA社との合併を記念して、カクテルパーティ及びレセプションを開催いたします。日時は2013年1月14日（金）午後5時から8時まで、場所は帝国ホテル。ドレスコードはビジネススーツです。ご返事をお願いいたします。

招待状の返事
　ご招待いただいた場合、RSVP（返信用カード）が入っていたらそこに一言添えるとよいでしょう。その場合、お受けするにしても、お断りするにしても、書き出しはThank you for your kind invitation.（ご親切にお招きいただき、ありがとうございます）に統一すると書きやすいでしょう。

［お受けする場合］

I would accept with pleasure the invitation. I am looking forward to seeing you soon.
喜んで出席いたします。お目にかかれるのを楽しみにしております。

＊

We accept your kind invitation to celebrate the memorable anniversary on Friday, May 2, 2013 at 7:00 p.m.
栄えある記念日をお祝いするために、2013年5月2日（金）午後7時に参上いたします。

［お断りする場合］

　ご招待はお受けするよりもお断りするほうが難しいものです。簡単でいいので理由を書きますが、これもお詫び同様、いちばんよく使われるのが「海外出張」です。

It is my regret that I am unable to attend the party due to overseas business trip.
残念ですが、海外出張のため出席がかないません。

＊

Unfortunately, I will be out of town on the day of the party; I am afraid I cannot make it.
あいにく、その日は不在にしておりまして出席がかないません。

＊

We are extremely sorry to miss the opportunity to attend the party due to our overseas conference.
本当に残念ですが、弊社の海外カンファレンスのため出席ができません。

＊

I am really sorry, but I cannot accept your kind invitation because of the previous engagement.
先約があり、ご招待をお受けできずに申し訳ございません。

第3章　秘書が書く英文eメールと手紙

　もし、個人的な歓迎会や送別会などに招かれていて出席がかなわない場合、以下の一文を添えると丁寧です。

Could you please send my best regards to him / her.
彼［彼女］によろしくお伝えください。

Words & Phrases
* 「断り状」のようなネガティブな内容の文章では、受動態を用いてIやWeが目立つことを避けるテクニックがあります。I am really sorry to say the meeting is unable to be made. などはその例です。My schedule is inflexible. や My schedule does not allow me to meet you.（直訳すれば「私のスケジュールがあなたに会うことを許さない」）などと言うこともあります。
* 招待状といえば、"request the honor of your presence" という表現がよく使われますが、これは結婚式の招待状にのみ使うとされています。注意してください。
* 配偶者もしくはパートナーや恋人のことを "significant other" と言います。直訳すれば「重要な他者」です。覚えておきましょう。
* RSVPは「ご返事をお願いいたします」という意味で、フランス語の Répondez s'il vous plaît. の省略形です。
* 服装規定（dress code）について説明するときには、attire（服装）という単語を使うと便利です。例えば、business attire / business casual attire / casual attire など。

第4章 秘書の「場つなぎ」英会話

　英語といえば「英会話」——これは私が学生だったときから（いや、たぶんそれよりもっと前から）日本人に共通した認識だと思います。読者の皆さんの中にも、英会話を習っている方は多いのではないでしょうか。

　確かに、「英語で話す」というのは、私たち非英語圏の人間にとっては永遠の課題でしょう。しかし、秘書にとって必要最低限の英会話というのは、「上司や名指し人につなぐまでの**場つなぎ**」でいいのです。英語が得意であっても、あまりペラペラと自分のことなどを上司のお客様に対して話すのはかえっておかしいので、英語が苦手な方はむしろ安心してください。ここでは、「場つなぎ」に専念した英語表現を挙げますので、必要なものはぜひ書き出して記憶してください。

　「えっ、これだけ？」と感じるかもしれません。秘書の英会話の本やオフィス英会話の本などにはもっとたくさんの例文が載っています。しかし、実際問題として、**例文やサンプル英会話どおりに話は進みません**。"英会話本"は会話だけで一冊の本に仕上げるために、あれだけたくさんの例文を載せているので、実際には使いにくい例文もあります（このように感じた方は安心してください。実のところ、私が読んでも「こんな難しいこと、私も言ったことがない！」というような例文が多いのです）。ここでは、**「本当に使うもので、かつ英会話の"初心者"でも話せるもの」**に限定しました。もっといろいろな表現を身につけたい方は、他の英会話関連の書籍もご覧になることをお勧めします。

(1) 英語の電話応対

　「英語しか話せない人から電話がかかってきた」——想像するだに恐ろしい、という方も多いかもしれません。しかし、やることはそれほど多くはあ

りません。ここではまず、「かかってきた電話に対処する」ことを覚えることに専念してください。

第1ステップ
「誰が電話をしてきて、誰と話したい」のかを聞き取り、「今いないから、後でかけてくれ」と伝えられること。

第2ステップ
第1ステップに加えて、**相手の連絡先情報（電話番号など）**を確認すること。

第1ステップ

①「私がお受けします」という意思表示をする

もし社内の人から、「英語の電話がかかってきたから、代わりに受けてください」と言われたら、受話器を取り、腹をくくって"Hello."と言ってください。この一言から始まります。

Hello.（もしもし）
Can you hear me?　（聞こえますか）
＊返事が返ってこない場合にこのように聞きます。
This is Number One Trading.　（ナンバーワントレーディングです）
＊会社名を英語で名乗ります。

② 電話をかけてきた相手の名前だけは必ず確認する

先方が話し出したら、名前をまずきちんと伺います。早口で話し出すと思いますので、落ち着いて、かつ間髪を入れずに次のように言います。

Your name, please?　（お名前はなんとおっしゃいますか）

これができるようになったら、もう少し丁寧な言い方で：

May I have your name, please?（恐れ入りますが、お名前を伺えますでしょうか）

Could you give me your name, please?（お名前をお教えいただけますか）

＊いずれも語尾を上げます。

聞き取れないときは：

Could you repeat your name?（お名前をもう一度お願いします）

Could you speak slowly, please!（ゆっくりお願いします！）

先方が綴り（スペリング）を言うかもしれないので、その場合は言われたとおりS-m-i-t-h（エス・エム・アイ・ティ・エイチ）と口頭で繰り返してください。もちろん、わからないときには Could you repeat? と言ってかまいません。

⚠️ 注意！

あせって、Who are you?（あなた誰？）と言ってしまった、という生徒さんの話を聞いたことがあります。これは電話に限らず、ビジネス英語という観点からするとかなりの**NG**ワードですので、Your name, please. Your name, please... と繰り返して、口になじませてください。

③「こちらの誰と話したいのか」をきちんと聞く

これも先方から、早口で「誰それと話をしたい」と言ってくるのが普通です。名指し人の名前が聞き取れないときは、Once again, please? と聞き返してもかまいません。もし言えそうならば、Could you repeat the person's name you want to talk with?（お話しになりたい者の名前を繰り返していただけますか）などもよいでしょう。

> ⚠️注意：May I ～？やCould / Would you ～？は、
> 　　　得意なほうの表現で覚える
>
> May I ～？は「私が～しましょうか？」で、Could / Would you ～？は「あなたが～していただけますか？」である、と普段は理解していても、あわてているとこの2つは混同されがちです。英会話の練習をしていても、May I have your message?（伝言を承りましょうか？）と言うべきところを、May I leave your message? と動詞を間違えて「伝言を残しましょうか？」になってしまうことが珍しくありません。いっそのこと、以下のように整理して、**「自分が覚えやすい、得意なほうの表現で統一して覚える」**としてもかまいません。また、CouldとWouldも、どちらか覚えやすいほうでかまいません。
>
> 〈May I グループ〉
> 　May I have your name?
> 　May I ask who is calling?
>
> 〈Could / Would you グループ〉
> 　Could you tell me your name?
> 　Could you repeat the person's name you want to talk with?

④ 名指し人が在席している場合

　以下のように言って、すぐにつないでしまって大丈夫です。2つともそのものずばり、「おつなぎします」の意味です。そして、「しばらくお待ちください」と一言添えます。

　　I will transfer you to him. Hold on a moment, please.
　　I will connect you to him. Hold the line, please.
　　＊himはもちろんherにもなります。状況に合わせてください。

⚠️注意！

　もちろん、I will put you through to him. という、よく知られた表現もありますが、これは案外と言いにくいため（「put ... なんだっけ？」となりがちで

す)、上記の言い方をお勧めします。

⑤ **名指し人が不在の場合**

あいにく不在だった場合のほうが大変ですね。

そのときにはまず、I'm sorry から始めます。そうすると、相手は「ああ、いま何らかの事情で都合が悪いのだな」とその瞬間わかりますので、その後の話が伝わりやすくなります。

I'm sorry, he is in a meeting now.（あいにく、いま会議中です）
I'm sorry, he is out of the office now.（あいにく、いま外出しております）
I'm sorry, he is on another line now.（いま他の電話に出ております）
＊名指し人が「男性」の場合です。

理由（言い訳）はいろいろあるけれど、とてもこんなには覚えられない…そういう場合には「外出中」で通してもかまいません（席にいないことは確かなので、ウソではありません）。ですので、ただ1つ覚えるとしたら **I'm sorry, he is out of the office now.** をお勧めします。

しかし、これだけですませるのは少し失礼に当たるため、「いつだったらつながるか」の情報提供をすることになります。

・xx時に戻ります　　　He will be back at xx o'clock.
・xx時までに戻ります　He will be back by xx o'clock.
・xx時ごろに戻ります　He will be back around xx o'clock.
・xx日に戻ります　　　He will be back on xx.
・明日戻ります　　　　He will be back tomorrow.

＊時刻はat、日にちはonを使います（第5章120ページ参照）。また、at 8 o'clock とか at 8 p.m. [a.m.] という言い方はしますが、at 8 p.m. o'clock とか at 8 a.m. o'clock とは言いません。

少し慣れてきたら、2つの文を続けて言う練習をします。斜線（スラッ

シュ）のところで切って話す練習をしてみてください。

I'm sorry, he is out of the office now / and will be back at 4 o'clock.
彼はいま不在で、4時に戻ります。
I'm sorry, he is out of the office now / and will be back tomorrow.
彼はいま不在で、明日戻ります。

⚠️注意！

会話本には、「有休をとっている（He is taking a day off today.）」「出張中である（He is on his business trip.）」「ちょっと出かけている（He has stepped out for a while.）」などと様々な表現が出ています。これらを全部覚える必要があるのか、と聞かれたことがあります。率直に申し上げると、**必要ありません**。なぜなら、電話をかけてきた相手にとって、どういう理由で名指し人がいないかを詳細に知る必要がないからです。また、名指し人は「有休をとっている」と外部に知られたくない場合もあります。ですので、迷ったら、**He is out of the office now.** と答えるのをお勧めします。

◆伝言はどうする？

通常ですと、このあとは「伝言を承ります」（May I have your message? / Would you like to leave a message?）と続きますが、英語の電話に慣れないうちにこう言ってしまうと、結局何もわからなかった、ということになりかねません。先方は伝言を残したつもりなので、それが間違って伝わったとなると後々問題になる可能性もありますので、自信がないうちは：

Would you mind calling us later?　（後ほど、かけていただけますか）

この言い方だけを覚えて、かけ直していただくのも解決策の1つです。何も言わずに切ってしまうよりも礼儀にかなっています。

さあ、ここまでの段階で少なくとも**「誰が電話をしてきて、誰と話したい」**のかを聞き取り、**「今いないから、後でかけてくれ」**と伝えられること、とい

う第1ステップは突破しました。もう、突然の英語の電話でも大丈夫ですね。

第2ステップ

　さて、英語の電話応対にも少し慣れてきたでしょうか。上で説明したとおり、慣れないうちは原則として、「伝言を承ります」と言わないのが安全策ですが、どうしても先方が伝言を残したい（leave a message）と言ったら、どうしたらよいでしょう。

〈ケース1〉

　事情がよくわからない、などの理由で、どうしても伝言を受け取りたくない場合は、I'm sorry, I am not good at English. Would you mind calling us later?（申し訳ありませんが、英語があまりうまくないので、後ほどかけ直してください）と言いましょう。

　もちろん、このやり方を強くお勧めするわけではありませんが、周りに英語ができる人もおらず、このように言わざるを得ないケースもあるのではないかと思います。少なくとも、黙って電話を切ってしまうよりはよいのではないでしょうか。

〈ケース2〉

　電話をかけてきた人を多少知っている、などの理由で、少しだけならわかりそうな場合は、**名詞（人の名前、商品名など）と数字（電話番号、日時など）だけは間違えないように**メモを取りましょう。

　この場合、何度繰り返して聞いても恥ずかしいことはありません。ゆっくり何度も確認しましょう。特に数字は大きな間違いの元です。相手の電話番号を聞くときも、わかるまで何度でも聞きましょう。

　May I have your phone number?
　（電話番号は何番ですか）
　Could you tell me your phone number?
　（電話番号を教えていただけますか）

第4章　秘書の「場つなぎ」英会話

Could you spell your name?
（お名前を綴りでおっしゃっていただけますか）

⚠️注意！

0は「ゼロ」と発音する人もいれば、「オゥ」と発音する人もいます。また、続いている番号を"double"（ダボォと聞こえます）と発音することもありますので、わからなければ何度でも聞き直すことです。

例えば、5533-0023という電話番号は five-five-three-three zero-zero-two-three / double-five double-three double-zero-two-three（後半は double-oh-two-three の可能性もあります）など、いろいろな読み方が可能です。

電話番号や名前などを確認したいときは、以下のように言いましょう。

May I confirm your name and phone number? Your name is Mr. John Bailys, B-A-I-L-Y-S, and your phone number is 03-3455-1233.
（お名前と電話番号を確認させてくださいますか。お名前がジョン・ベイリーズ様でB-A-I-L-Y-S、電話番号が03-3455-1233ですね）

◆「折り返しお電話差し上げるようにしましょうか？」

折り返し電話をかける場合の一般的な言い方は、Shall I ask him to call you back?（こちらから折り返しお電話するようにいたしましょうか）です。

会話本などによくある言い方で、Shall I have him call you back? というのがあります。本に書いてあるから、とみなさん何気なく使うようですが、秘書学を修めたネイティブ講師に「この表現はhaveという使役を使っているため、秘書が使う英語としては少し語調が強すぎる」と指摘されたことがあります。そのように感じる人がいるということを考慮して、ここは**Shall I ask him to call you back?** で覚えてしまいましょう。状況に応じて him は her にしてください。

◆電話の切り方

電話は切り方が難しいのは日本語も英語も同じです。ただ、切り方の「流

れ」は同じですから、いちど覚えてしまえば簡単です。

So, I will tell him about your call.
（あなたから電話をいただいたことを彼に伝えます）
So, I will give him your message.
（彼（名指し人）に申し伝えます）
　　　↓
Thank you for calling.
（お電話ありがとうございました）
　　　↓
Good bye.
（失礼します）

特に、Thank you for calling. という一言は重要です。この決まり文句が出れば、電話の相手は「そろそろ会話終了ということだな」と直感的にわかるからです。

◆困ったときの言い方
相手の姿が見えない電話ではいろいろなことが起こりますが、「困った！」というときに使いやすい表現を集めました。何通りかの表現がある場合は、「いちばん簡単なもの」を選んでいます。

・お待たせしました。Thank you for your patience.
・聞こえません。Sorry, I can't hear you.
・もっと大きな声で話していただけますか。Could you speak up?
・間違い電話ではないでしょうか。 You have got the wrong number.
　　＊I'm afraidを頭につけると丁寧な言い方になります。
・こちらにそういう名前の者はおりません。We have no xxx here.
　　＊xxxの部分に相手が言った名前を入れます。Ms. Nishi, Mr. Suzukiなど。
・その者は退職しました。He left the company.

・その件はお答えできません。Sorry, I don't know about that.
・(電話が切れてしまい、その後に再度つながったとき) 申し訳ありません、電話が切れてしまいました。Sorry, we got cut off.

【応用編】上司の代理で先方の秘書に電話をかける

　これまでは、相手から電話がかかってくる、という前提でお話をしてきましたが、上司から「Mr. Johnstonに電話をつないでください」と指示を受けることは秘書業務の中で起こりうると思います。そのようなケースには、以下のような流れで対処します。

　① 電話の流れを組み立てる。
　② 先方に電話して、「上司の代理でかけている」ことを伝える。
　③ 名指し人につないでもらう。
　④ 名指し人が不在時の対処。

① 電話の流れを組み立てる

　まず、海外に電話をかけることになる場合には、「名指し人が不在の場合はどうするか」をあらかじめ考えておきます。ただでさえ英語の電話で緊張しているのですから、想定外のことが起こったときにあわてないようにするためです。具体的には、「**こちらから再度かける（その場合、現地時間で何時ごろになるか）**」のか、「**先方からこちらにかけてもらう（その場合、何時ごろになるか）**」のか、は必ず考えておきましょう。

② 先方に電話して、「上司の代理でかけている」ことを伝える

　先方の秘書もしくは秘書室に電話をします。相手が出たら、こちらの会社名、それから「上司の代理である」ということを伝えます。

Hello. I am calling from Number One Trading in Tokyo, on behalf of Mr. Yashiro, the company president.

（こんにちは。こちらは東京にありますナンバーワントレーディングと申しまして、弊社社長八代の代理で電話しております）

ここでは、海外からの電話であることを知らせるために、「東京にあります（in Tokyo）…」という一節を入れています。外国人にとって、日本語の会社名や個人名は聞き取りにくいものです。Tokyoという地名を出すことにより、「海外からかけてきていますよ」というシグナルを出して、相手がこちらの言うことをより理解しやすくしているわけです。

もちろん、大阪にある会社であれば、I am calling from Number One Trading in Osaka. でいいですし、場合によっては、I am calling from Number One Trading in Japan. のほうがわかりやすいかもしれません。

on behalf of 〜 はこういう場面でよく使う「〜の代理」という表現です。「会社を代表して」であれば、on behalf of the company となります。

③ 名指し人につないでもらう

次に、上司がxxx様と話がしたいことを伝えます。

Mr. Yashiro would like to speak to Mr. Johnston.
（御社のジョンストン様とお話しいたしたいとのことなのですが）
＊英語の場合、同じ会社の人間にも敬称（Mr. / Ms.）をつけることに気をつけてください。

④ 名指し人が不在時の対処

上司が話したい相手が不在の場合、あらかじめ考えておいた「こちらから再度かけるか、先方からかけてもらうか」というステップに入ります。

[こちらから再度かける]

I will call back later. When should I call?
（またかけます。何時ごろがよいでしょうか）

第4章　秘書の「場つなぎ」英会話

[先方からかけてもらう]

May I ask you to call us when he is available? Our telephone number is 81-3-3455-1233. My name is Naoko Suzuki, Mr. Yashiro's secretary.
（お手数ですが、ジョンストン様がご都合のよいときにかけていただけませんでしょうか。私どもの電話番号は81-3-3455-1233です。私の名前は鈴木直子と申しまして、八代の秘書です）

電話番号を伝えるときには、国番号→地域番号（0は省きます。東京なら3、大阪なら6ということになります）→当方の電話番号の順番で、単数字で言っていけば大丈夫です。例えば上の例ですと、eight-one-three-three-four-five-five-one-two-three-threeとなります。

もう1つ、日本との時差も考慮しておきます。先方が時差によほど詳しくない限り、Then I will call you again at 4 p.m. your time.（それでは、そちらの時間で午後4時にかけます）などと、**日本時間ではなく先方の時間で話す**ようにしたほうが行き違いがありません。

What time will he be available?
（何時ごろでしたら、ご都合よろしいですか）
So I will call you again at 5 p.m. your time.
（ではそちらの時間で午後5時に再度かけます）

⚠注意！

call backとは「かけ直す」という意味の句動詞ですが、人称代名詞つまりme, you, him, her, us, themを使う場合にはcall <u>you</u> back, call <u>him</u> back, というようにcallとbackの間に目的語を入れます。call back you, call back himとは言わないので注意が必要です。

いざというとき迷うようでしたら、ここに紹介したI will call you again. で乗り切ってかまいません。

対応してくれた秘書、もしくは電話に出た人の名前を聞いておくと後々役

85

立ちます。

May I know your name?
（お名前を伺ってもよろしいですか）

このときに聞いた相手の名前はすかさず、次のフレーズで使います。

Thank you for your help, Ms. xxx.（ありがとうございます。xxx様）
＊Ms. と敬称をつけていますので、その後に「名字」を続けます。Ms. Maria などと「名前」をつけて言わないように注意しましょう。

必要なことを伝えたら、あとは普通の電話同様に"Bye."と言って切ってかまいません。海外に電話をするというのは緊張するものですが、何度確認してもよいので、「正確さ」を心がけて話すようにしましょう。

【参考】May I have your name? と May I know your name?

英会話教室などでは、まず必ずと言ってよいほど、May I have your name? や May I have your phone number? といった表現を習います。これは「～を教えていただけますか」という標準的な言い方で、これを覚えておけば問題ないのですが、もう1つ覚えておくと便利なのが May I know your name? です。

これは動詞が違うだけですが、おなじみの May I have ~ ? と若干ニュアンスが違います。私の恩師である Ms. Anastacia Brice 始め、何人かの米国人ネイティブに確認してみた結果、have と know では、次のような意味の違いを感じると教えてくれました。

May I have your name?
「不在の人に伝えて折り返し電話をしてもらう」場合のように、電話をかけてきたあなたの情報を使って何かしなければならない。だからあなたの名前を教えてもらいたい。

May I know your name?

　上記のような理由があるわけではなく、今あなたと話している私自身が、あなたの情報を知りたい。だから名前を教えてもらいたい。

　こういう理由から、86ページの例では、電話口に出てくれた人、もしくは対応してくれた秘書に対して「お世話になったあなたのお名前を伺って謝意を示したい」という気持ちで、「お名前を教えていただけませんか(May I know your name?)」と言うほうがより適切なのでは、ということです。

　また、ホテルやレストランなどの予約電話をしたときにも、対応してくれた人の名前を聞くときには、同様の理由でMay I know your name? を使います。

　あるネイティブいわく、「自分自身は意識して使い分けているわけではないが、May I know your name? には、話している相手を『個人』と見なしている思いが感じられる」とのこと。深いですね。

　ちなみに、haveの代わりに ask を用いて May I ask your name? とした場合には、have よりも丁寧な感じが出る、とのことでした（米国人である彼女たち自身はMay I have ~? が普通だそうですが）。そこで、本書でもMay I ask ~? という表現を併記して紹介しています。

【参考】時差と国番号

　最低限、会社もしくは上司と関わりがある国や都市との「時差」は覚えておきましょう。ただし、サマータイムの時期は毎年変わりますし、非常にわかりにくいので、その都度インターネットなどで確認することをお勧めます。使いやすくて、お勧めなのは、http://www.timeanddate.com/ です。そして、http://www.001.kddi.com/countrycode/ で国際電話をかける際の「国番号」を調べることができます。プリントアウトして手元にあると便利かも知れません。また、時差を日本語で確認できるのは http://www.time-j.net です。ただし、timeanddate.com にはついているミーティングプランナーの機能はありません。

[主要国の国際電話国番号と時差]

＊時差にサマータイムは含まれていません。
＊配列はエリア別になっています。

国名／地域名	Country	国番号	時　差
日本	Japan	81	-----
インド	India	91	-3.5
インドネシア	Indonesia	62	0 〜 -2
韓国	Korea	82	0
サウジアラビア	Saudi Arabia	966	-6
シンガポール	Singapore	65	-1
タイ	Thailand	66	-2
台湾	Taiwan	886	-1
中国	China	86	-1
フィリピン	Philippines	63	-1
ベトナム	Viet Nam	84	-2
香港	Hong Kong	852	-1
マカオ	Macao	853	-1
マレーシア	Malaysia	60	-1
モンゴル	Mongolia	976	-1 〜 -2
エジプト	Egypt	20	-7
エチオピア	Ethiopia	251	-6
カメルーン	Cameroon	237	-8
チュニジア	Tunisia	216	-8
ナイジェリア	Nigeria	234	-8
南アフリカ	South Africa	27	-7
モロッコ	Morocco	212	-9
アメリカ合衆国	U.S.A.	1	-14 〜 -19
カナダ	Canada	1	-12.5 〜 -17
アルゼンチン	Argentina	54	-12
キューバ	Cuba	53	-14
コロンビア	Colombia	57	-14
ジャマイカ	Jamaica	1	-14

第4章 秘書の「場つなぎ」英会話

国名／地域名	Country	国番号	時　差
チリ	Chile	56	-13 〜 -15
パラグアイ	Paraguay	595	-13
ブラジル	Brazil	55	-11 〜 -13
ペルー	Peru	51	-14
ボリビア	Bolivia	591	-13
メキシコ	Mexico	52	-15 〜 -17
オーストラリア	Australia	61	-1 〜 +1
ニュージーランド	New Zealand	64	+3
アイルランド	Ireland	353	-9
イギリス	U.K.	44	-9
イタリア	Italy	39	-8
オーストリア	Austria	43	-8
オランダ	Netherlands	31	-8
ギリシャ	Greece	30	-7
スイス	Switzerland	41	-8
スウェーデン	Sweden	46	-8
スペイン	Spain	34	-8
チェコ	Czech	420	-8
デンマーク	Denmark	45	-8
ドイツ	Germany	49	-8
トルコ	Turkey	90	-7
ノルウェー	Norway	47	-8
ハンガリー	Hungary	36	-8
フィンランド	Finland	358	-7
フランス	France	33	-8
ブルガリア	Bulgaria	359	-7
ベルギー	Belgium	32	-8
ポーランド	Poland	48	-8
ポルトガル	Portugal	351	-9
ルーマニア	Romania	40	-7
ロシア	Russia	7	-6 〜 +3

(2) 訪問客の応対
【英語しか話せない人が訪問してきたとき】

　第1章でも書きましたが、総合受付などがない企業の場合、いきなり英語しか理解しない方が目の前にやって来てしまった、ということは十分にありえます。主に次の2つのケースに分かれるでしょう。

　① すでにアポイント（約束）がある
　② セールス（営業訪問）

　まず、前者の「アポイントのある方をご案内する」ケースを説明します。

① すでにアポイントがある場合
　訪問客の対応は、次の3ステップで考えればわかりやすくなります。

　第1ステップ：挨拶
　第2ステップ：部屋に案内する
　第3ステップ：飲み物などを勧める

第1ステップ：挨拶
　お客様が見えました。電話同様、**"腹をくくって"第一声を**にこやかに発してください。

　Hello. May I ask your name?
　（いらっしゃいませ。お名前を伺えますか）

　これまでの私の経験だと、「日本人は英語ができない」と先方も思っている（知っている）ので、そっけないくらい単語だけで、次のように話す方もいます。

Smith. Douglas in?
（スミスです。ダグラスはいる？）

なかには事務所のドアを開けながら "Douglas?" とだけおっしゃる方も。もし、こういう展開になったときには、落ち着いてまず、May I ask your name, please? と先方の名前を確認することです。「お名乗りください」ということですね。

第2ステップ：部屋に案内する

先方の名前も確認でき、きちんとした（アポイントがある）訪問客とわかれば、にこやかに、

Hi, Mr. xxx. Would you come this way, please?
（いらっしゃいませ。こちらへどうぞ）

と先に立って案内をしたほうが、道順を説明するよりラクで間違いもありません。会話本には、「そこの廊下を行って、右へ曲がってエレベーターに乗って…」といった道案内の英会話が載っていることがありますが、よほどのことがない限り使うことはないでしょう。

第3ステップ：飲み物などを勧める

目指す部屋に着きました。お客様を招き入れてから、

Something to drink? / Would you like something to drink?
（何かお飲みになりますか）
＊後者のほうが丁寧な言い方です。

と伺います。外国人のお客様は飲み物がいらないときには、「いらない」とはっきりおっしゃるので、きちんと伺うほうが礼儀にかなっています。

ただ、「いらないときにはいらない」とはっきりしているだけあって、逆に

好みを細かく早口で言われて困ることもあるかもしれません。そういうときには、落ち着いて、聞き返しても大丈夫です。

I beg your pardon?
（何とおっしゃいましたか）
Excuse me?
（恐れ入りますが…）

飲み物を出したら、

Mr. xxx will be with you shortly. / Mr. xxx will see you soon.
（xxxはまもなくまいります）

と言って引っ込んでかまいません。
　いかがでしたでしょうか。電話と違い、お互いの顔も見えていますので、それほど難しいことはないと思います。

COLUMN 14　　　　　　　　　　　　　　　Tips for Secretaries

飲み物・いろいろ

　飲み物を勧めると、外国人の場合、A glass of water（水）という返事が多いように思います。この場合、封を切っていないペットボトルの水とコップをお出しします。アメリカ人ですと、Diet CokeやRegular Coke（＝いわゆる「普通の」コーク）とおっしゃる方もいます。Perrier（ペリエ）もヨーロッパ人の場合はあります。最近はgreen tea（日本茶）のリクエストも増えてきました。砂糖をつけてください等々、いろいろ変わったリクエストがあるかもしれませんが、その都度、対応してください。
　日本人の来客ですと、何も聞かずにコーヒーをお出しすることが多いですが、外国人には必ず確認したほうがよいでしょう。打ち合わせにすぐ入ってしまって、どうしても確認できない場合もあるかと思いますが、水とア

イスティーは比較的飲まれる方が多いようです（アイスコーヒーを依頼されたことは、私の経験ではまだありません）。

もちろん、リクエストにお応えできないときには、Sorry, we do not have Coke / Perrier today.（申し訳ありませんが、コーラ／ペリエは今日は切らしておりまして）と断ってかまいません。ちなみに「コーラ？ ペリエ？ そんなもの置いていません！」と心の中で思ったとしても、**本日のところはありません**と言うのがスマートです。もしそのお客様が、今後も来社される方であれば、次回の来社時には、ご希望だった飲み物を準備しておけば、本当に喜ばれるでしょう。

② セールス（営業訪問）の場合

特に小規模の企業ですと、営業訪問も秘書が対応することがあると思います。この場合も原則は同じで、来訪者を社内に入れてしまう前に「名前と会社名（組織名）」をしつこく確認することです。

Hello. May I ask your name and company name?
（いらっしゃいませ。お名前と社名を伺ってもよろしいですか）

お名前を伺い、「この方の来社予定はないな」と確認したら、念のために約束の有無を伺います。

Do you have an appointment with him?
（お約束はおありですか）

お約束のない方であれば、ご用向きを伺います。

May I ask what it is about?
（どのような件でいらっしゃいましたか）

この表現は、とっさには出てきにくい言い方ですので、何度も練習して口で覚えたほうがよいと思います。直訳すれば、「何についてであるかを教えていただけますか」です。
　この段階で、「上司はこの方には会わないだろうな」という判断がつけば、次のように言うこととなります。

I am afraid he is out of the office today.
（申し訳ございませんが、本日は終日外出しております）
Do you have your business card? I will let him know about your visit.
（お名刺はおありですか。本日お越しいただいたことを伝えておきます）

もしくは、
Do you have any brochures? If so, I will give them to him.
（御社の会社案内などはお持ちですか。お預かりいたします）

　念のため上司に意向を確認したほうがよさそうなお客様（名刺などから判断がつくと思います）の場合は、次のように伝えていったん引っ込みます。

I will check if he is available. Would you wait for a while?
（都合がつくかどうか確認してまいります。少々お待ちください）

　この結果、上司から「会わない［会えない］から断ってほしい」という指示が出た場合には、

I am sorry, but he is not available. Do you have your business card? I will let him know about your visit.
（申し訳ございませんが、都合がつきません。お名刺をお持ちでしょうか。本日お越しいただいたことを伝えておきます）

と続けていけます。

第4章　秘書の「場つなぎ」英会話

「上司が会わない場合、他の人に対応してもらうときの表現」なども会話本によく出てきますが、実際にはあまりそういうケースはないように思います。まずは、会社の資料やパンフレット（brochures）などを預かって、お帰りいただくことが多いのではないでしょうか。しかし、場合によっては「代理の者であれば会えるかもしれない」というケースがあるかもしれませんので、1つだけご紹介しておきます。

Mr. Goto, our office manager, will see you, if you would like.
（総務課長の後藤がお目にかかれるかと思いますが）

ここでもし、先方の返事が "Yes." であれば、代理人に会っていただくようにし、もし「代理人だったら会う必要なし」ということであれば、先方から「また来ます（I will come again.）」などと言い出すでしょう。大切なことは毅然として対応すること。できること、できないことをはっきり相手に伝えることです。

なお、ここでは「訪問」のケースを説明しましたが、「営業電話」も原則として同じように対応します。外国人からの電話だからといってすぐに名指し人や上司につないでしまうようなことをせず、聞いたことのない会社名、名前の方であれば、きちんとわかるまで確認をして判断することが大切です。

COLUMN 15　　　　　　　　　　　　　　　　　　Tips for Secretaries

毎度おなじみの「営業電話」

　英語での営業電話は実際にはかなりあります。以前は片言の日本語を話す外国人から、英会話教室のレッスンの売り込みなどがあったものですが、最近では海外でのセミナーやコンファレンスなどへの出席のお誘いがよくあり、日本語を解さない相手から英語でまくしたてられます。「またこの電話か。1年経つのは早いな」と思うくらい、毎年恒例の営業電話もあります。さらに、最近ではヘッドハンターからの電話も多くあります。
　個々人の直通番号を名刺に載せている会社の場合、代表電話にかかって

くる個人宛ての電話は8割がたが営業電話だった、という経験があります。このような電話は、たとえ取り次いだとしても、名指し人本人が出て直接話すことは、よほどのことがない限りありません。日本語での営業電話であれば、すぐにお断りできても、英語だと緊張してつい余計なことを言ってしまう、という人もいるかもしれませんね。

　こんなときでも、まずは落ち着いて「企業名と相手の名前」を聞きます。「電話番号を聞いて『こちらからかけ直す』((1) 英語の電話応対の第2ステップ、ケース2をご覧ください)」のところまでできるのが理想です。また、彼らは電話に出ている人の名前を聞いてくることが多くあります。May I know your name? とか、May I ask your name? などと聞かれたら堂々と、My name is xxx. と名乗ってください。またかかってくることがあるかもしれません（あなた宛てにかかってきます！）が、そんなときでも根くらべと思って対応してください。

　「会社の案内があれば送ってください（Do you have any brochures? If so, could you send them to me?)」とこちらが言ったときに、先方から「では住所を教えてください」と言われた場合には、会社のウェブサイトに英語のページがあれば「恐れ入りますが、弊社のウェブサイトをご覧いただけますか（Could you see our company's website?)」と言う手もあります。先方も仕事で電話をかけているので、全く見込みなし、とわかれば自然とかけてこなくなることが大半です。しばらくは大変ですが、**"門番も秘書の仕事"** です。頑張りましょう！

| COLUMN 16 | Tips for Secretaries |

この人は誰？

　以前、「Sさんという方がここに転職されたと聞きました。彼とロンドンでご一緒した者ですが、ぜひお目にかかりたい」と外国人の方が突然会社に見えました。お約束はなく、名指し人のSさんも不在だったため、名刺をお預かりしました。確かにSさんが以前勤務していた業界の著名企業の名前が名刺に入っていましたし、Sさんはロンドン勤務が長かったこともあり、全く

のデタラメとも判断し難く、念のため帰社したSさんに報告しました。そうしたらSさんは、「もちろん、この会社はよく知っているけど、この人は記憶にないなぁ」と首をひねります。「一応、連絡してみるよ」とおっしゃったSさん、しばらくして大笑いしながら私のデスクに来て、「いやぁ、人違いで僕を訪ねてきたみたいだ。ロンドン時代に僕と同姓の人間と働いていたんだって。僕と同じ姓の日本人は業界にたくさんいるからね。せっかくだから会って話でもしようじゃないかということになって、来週もう一度こちらに来るというから、応接室をとっておいてください」と言うのです。次の週、再度おいでになったその方も大笑い。初対面ながらもSさんと共通の知り合いの話や業界の話で盛り上がり、すっかり仲良くなられたそうです。「瓢箪から駒」の訪問客応対のエピソードです。

(3) 宿泊先へ訪問客を迎えに行く

　ホテルなどに訪問客を迎えに行くことを依頼されることも多いと思います。先方としては慣れない日本で、仕事以外のことを考えるのはわずらわしいもの。迎えに来てくれるのはとても助かります。臆せずにぜひ、チャレンジしてみてください。

　宿泊先に迎えに行く場合、たいていロビーでの待ち合わせとなります。全く知らない方を探すのはひと苦労ですし、それらしき風貌の方が複数いらっしゃることも多いのですが、勇気を出して**「こちらから声をかける」**のが原則です。

Excuse me, may I know you are Mr. xxx / Ms. xxx?
（恐れ入りますが、xxx様でいらっしゃいますか）

　当然ながら、違うときには相手が "No." と答えますから、その場合は I'm sorry. と言って引き下がればよいことです。恥ずかしがっていないで、とにかくこちらから声をかけてください。

さて、無事見つけられれば自己紹介して、その方をお連れすることとなります。

My name is Kumiko Mori from Number One Trading. Nice to meet you.
（私はナンバーワントレーディングの森久美子です。はじめまして）
So shall we go?
（では、まいりましょうか）

もちろん気持ちに余裕があれば、自分の肩書きなどをつけ加えてもかまいません。

My name is Kumiko Mori from Number One Trading, secretary to Mr. xxx.
（私はナンバーワントレーディングの森久美子で、xxxの秘書をしております）
Have you been waiting long?
（お待ちになりましたか）

そのあとはタクシーなどで移動することになると思います。道中ではお決まりの会話が少しできれば十分です。だいたいどのようなことを聞くことが多いかといいますと：

Did you have a good flight? / How was your flight?
（飛行機の旅はいかがでしたか）
Did you sleep well last night?
（昨晩はよくおやすみになれましたか）
Is this your first visit to Japan?
（日本は初めてでいらっしゃいますか）
How was the weather in xxx?
（xxx（地名）では、お天気はいかがでしたでしょうか）

この程度で十分ではないでしょうか。お話し好きな方ですと先方からいろ

いろと話しかけてきたり、質問したりしてくるでしょうが、経験上、ビジネスで来日なさる方はそれほど秘書にいろいろ聞いてくることはないように思います。もし、自分が聞いていないこと、わからないことなどを質問されたら無理して答えず、「わかりません（I'm sorry, I don't have any information on that）」や「上司に聞いてみます（I will check with Mr. / Ms. xxx about that）」と答えれば、それ以上聞かれることもないと思います。

「わかりません（I don't know.）」と機械的に答えて黙っているのはいただけませんが、秘書の立場としては、上司やビジネスに関することは、確信が持てなければ言わない、というのが大原則です。そこで、「確認してみます」という意味の「I will check with Mr. / Ms. xxx（上司名）」のフレーズが使えます。

ただ、「日本で〇〇を買いたいのだけれど、どこで買えますか」というような、買い物やレストランなど、ビジネス以外の件で何かを聞かれた場合には、ぜひ、「それでは調べましょう」のひとことを言うといいでしょう。

I see. I will find the best place to buy it and let you know.
（わかりました。では、それを買うのにいちばん良い場所を調べてお知らせします）

I will check some nice yakitori restaurants for you.
（焼き鳥を召し上がるのに良さそうなお店をいくつかお探しします）

さて、無事に事務所に到着しました。ビジターカード（訪問者証）を身につけていただくケースも多いと思います。その場合には、次のように言ってお渡しします。

Please put this visitor's badge / ID card. Could you make sure you wear it at all times while you are here?
（この訪問者証（IDカード）をお持ちください。こちらにいらっしゃるあいだ、必ず常に身につけておいてくださるようお願いします）

また、商談や打ち合わせに通訳者を手配していることも多いと思います。通訳者に引き合わせるまでが仕事ですので、最後にこのように伝えて締めくくります。

Could I introduce you to Ms. Ishii, an interpreter? Ms. Ishii, this is Mr. Porker, COO at Number One America.
(通訳の石井さんに紹介してよろしいでしょうか。石井さん、こちらはナンバーワンアメリカ社のCOOでいらっしゃるポーカー氏です)
＊interpreterの発音に注意。「インタープリター」と真ん中を最も強く発音します。

あとは通訳に任せて大丈夫です。上司を呼びに行きますが、その際に道中に訪問客から聞かれたことなどがあったら、上司に報告しておくほうがよいかと思います。また、もし通訳がおらず、「これから上司を呼びに行きます」と言いたければ、I will let Mr. / Ms. xxx know you have arrived. と伝えて、退出すれば大丈夫です。

COLUMN 17　　　　　　　　　　　　　　　Tips for Secretaries
成田エクスプレス顛末記

　東京に事務所がある場合、海外からの訪問客の送迎が問題となります。成田空港であれば、「成田エクスプレス」に乗っていただくのがいちばん便利と言われています。事故さえなければ確実に1時間ほどで東京都内から飛行場に着きますし、乗ってしまえばそのまま成田に着きますから簡単です。しかし、「乗ってしまえば大丈夫」や「東京から確実に1時間ほどで着く」の裏にはいろいろ面倒もあったりします。
　渋谷区の初台の会社に勤めていたころは、新宿駅の成田エクスプレス乗り場まで「僕は絶対にひとりではたどり着けないから一緒に来てほしい」という訪問客が続出しました。10年ほど前のことで、確かに大規模工事中の新宿駅、成田エクスプレス乗り場は駅のはずれで遠く、日本で一、二を争う

ほど乗降客数の多い新宿駅で、普段電車に乗らないアメリカ人が大荷物を持って移動できるはずがありません。「日本人はすごいねー」といつも感心されていました。このように、公共交通を利用する場合は、「電車に乗る」までが大変ということを認識しておいたほうがよいかもしれません。

　もうひとつは、勤務先で後世まで語り継がれる「笑い話」となってしまったエピソードです。東京駅地下ホームから訪問客を成田エクスプレスに乗せようと、私自身も電車に乗って席を探し、Have a nice return flight! と言って降りようとした瞬間、ブザーが鳴って目の前でドアが閉まりました。一瞬頭が真っ白になりました。「こ、これ成田空港までノンストップだ」と気がついたときには、さらに頭が真っ白。見送るだけのつもりだったので財布も持たず、入場券と携帯電話しか持っていません。まさか訪問客に「お金を貸してください」と頼むわけにもいかないので、車掌さんに事情を話してデッキに立たせてもらい（気の毒そうに見られました）、上司に電話で事情を説明し（「ひえー、大丈夫？！」と言われました）、1時間後に成田空港駅でまた駅員さんに事情を話して懇願すると、「じゃあ、各駅停車なら乗っていいですから（さすがに成田エクスプレスに入場券で乗せるわけには行かなかったのでしょう）」とお情けで乗せてもらい、約3時間後にオフィスに戻り、上司と同僚に平謝り…という大変な目にあったことがあります。

教訓：見送りの際は電車に乗らないこと　停車時間が思ったより短い上、特に成田エクスプレスはほとんど全ての乗客が大きな荷物を持って乗って来るので、通路をふさがれて思うように出られない可能性もあります。降りそこなったら成田まで1時間、乗っていないといけません！（さらに戻ってくるのに、プラス最低1時間…）

社内の諸説明は You can ... like that. で万事 OK

　上司に引き継いでほっとしたのも束の間、「事務所のドアはどうやって開けるの？」「水はどこで買えるの？」「コピーはどうやってとるの？」…といろいろ聞かれる可能性があります。その場合は、You can ... like that. が万能フレーズです。このフレーズを言いながら実際にやってみせるのが、むやみに

説明しようと頑張るよりも「百聞は一見にしかず」で伝わります。

   You can open the door like that.
   （ドアはこのようにして開けます）
   You can buy a bottle of water here like that.
   （ペットボトルの水は、ここでこのようにして買えます）
   You can take a photocopy like that.
   （コピーはこのようにしてとることができます）
   ＊もしくは、コピーなどの機材の操作については「私がやりましょう（I will do it for you.）」と言って、やって差し上げるのも一案です。

ただ、電話については、いちいち I will do it for you. では面倒なこともあり、先方も気兼ねするかもしれません。電話の使い方だけはきちんとご説明したほうがよいと思います。

（4）電話の使い方を説明する

企業で働いていたとき、海外からの訪問客からいちばん多かった質問は「電話の使い方」でした。たいていは国際電話をかけたいという要望ですが、いきなり聞かれると戸惑うものです。また、電話は機種が違うと操作法が全く違うことも多いため、以下のように順番を追って説明するとわかりやすくなります。順を追って説明するときの決まり文句である、First …, Second …, Next …, Then …, Finally …, などを上手に使ってみましょう。

〈ステップ1〉外線番号につなぐ

たいていの会社は、0発信か9発信で外線につながるようになっていると思います。外線番号は an outside line と言います。

   First, you need to get an outside line.
   （まず、外線番号につないでください）

第4章　秘書の「場つなぎ」英会話

You need to dial zero for an outside line.
（外線はゼロ発信です）

〈ステップ2〉国際電話識別番号

　010などの国際電話に発信する番号のことをthe international access codeと言います。ダイアル式の電話でなくとも（いまは、ダイアル式の電話機など見たこともない、という方のほうが多いと思いますが）、「電話番号を回す」という意味の動詞としてdialを使うことができます。違和感があればpressでもかまいません。

Next, you need to dial the international access code, 010.
（次に、国際電話識別番号である010を回してください）

〈ステップ3〉国番号

　国番号のことをthe country codeと言います。訪問客のなかには案外と自国の国番号を知らない人もいますので、国番号表は手元に準備しておいたほうがよいでしょう。

Then, you need to dial the country code, 1 for America.
（それから、国番号を回してください。アメリカだったら1です）

〈ステップ4〉地域番号

　地域番号はthe area codeです。ここからは日本国内での電話とほぼ同じですね。

Then, you need to dial the area code, 212 for New York.
（それから、地域番号を回してください。ニューヨークなら212です）

　ただし、なかには日本同様に地域番号に0がついている国があります。そのような場合ですと、名刺には01-513-1234のように印刷してあることがあ

りますが、この場合は日本同様、国際電話では地域番号の０を省くことを忘れないようにしてください。

（例）オーストリアのウィーンにかける場合、オーストリア国内での通話ですとウィーンの地域番号が01ですので、01-513-1234と電話番号が印刷してある名刺があったとします。この番号に日本からかける場合は、国際電話識別番号（010など）＋国番号（43）＋地域番号の０を省いた番号（1）…とダイアルします。

〈ステップ５〉電話番号

ここは普通の電話番号です。

Finally you need to dial 123-4567.
（最後に、123-4567と回します）

以上の手順は一度では覚えられないので、紙に書いて渡すと親切ですね。以前の職場では訪問客が使う部屋のホワイトボードに書いておくようにしていました。

⚠ 注意！日本から1-800にかけると…

1-800というのはアメリカのフリーダイヤル番号です（日本でいえば0120）。この番号は**アメリカ国内からの電話であれば通話料無料**ですが、従来アメリカ国外からはかからない番号と言われてきました。ですので、「アメリカ国外からはこの番号にかけてください」と通常の電話番号が併記してあるのが普通です。ただ最近では、通話料は普通にかかるけれども、海外からの電話も受け入れる1-800があるとのこと。特に、グローバル対応をしなければならないクレジットカード会社や銀行などに増えてきたようです。その場合は、010などの国際電話識別番号に続けて国番号の1を回し、続けて800から始まるフリーダイヤル番号を回せばよいそうです。また、裏技ですが、スカイプ（Skype）から国番号の1をつけて800を回すと、普通に無料で

第4章　秘書の「場つなぎ」英会話

つながる（！）らしいです。

COLUMN 18　　Tips for Secretaries

相手の名前をお呼びする

　イェール大学のヴァンス博士など、何人かの英語教育のプロフェッショナルがすでに話していることですが、**「相手の名前を呼ぶ」**ことは確かに絶大な効力を発揮します。私も電話や訪問客への対応時にはもちろんのこと、営業電話への対応ですら、この「名前戦略」を使ってきました。"Thank you for calling, Mr. Smith."などと相手の名前をつけたほうが、スムーズに電話を切ることができるような気がします。これはおそらく、相手は名前を呼ばれることで「ちゃんと話を聞いてもらっている」という気持ちになるからではないでしょうか。

　ヴァンス博士の本によると、「MRIを使って、他人の名前を聞いた時と自分の名前を聞いた時の脳活動のパターンを比較してみると、自分の名前を聞いた時は脳活動がより著しく活発化する」ことが研究の結果わかっているそうです。自分の話す英語にあまり自信がなくとも、相手の名前を呼ぶことでより良いコミュニケーションが取れるのですから、使わない手はありません。

　なお、ヴァンス博士の本では「ファーストネームを呼ぶ」ようにとなっていますが、第2章のコラム（「上司は"Hi, Jack!"でも、秘書は"Mr. Smith..."」）でもご紹介したとおり、秘書が話す英語という観点から考えますと、まずはMr. xx / Ms. xxと敬称付きでお呼びするべきだと思います（相手が同僚であれば、この限りではありません）。相手からPlease call me Bob.などと言われた時点から、ファーストネームで呼ぶようにすればよいと思います。

105

第5章 秘書に関わる英文法

　米国でプロフェッショナルな秘書として認められるための指標として、1960年から実施されているCertified Administrative Professional（米国上級秘書検定）では、まぎらわしい英単語や文法に関する問題が多く出題されています。これは米国の事務職でも、相応のキャリアと実務能力を兼ね備えた人が受験する試験として知られていますが、「プロの秘書たるもの、きちんとした英語を書くべき」という意識が高いことを示しているといえましょう。つまり、**英語を母語とする秘書でさえ、英文法のマスターは必須**ということです。

　ここでは、秘書職の方からよく受ける質問事項や、秘書に必要だと思われる事項に絞ってご説明します。もっと調べたい方はぜひ専門の英文法書に当たってください。

英語の「動詞」を理解すること

　英語で書いたり話したりする場合、動詞の理解は避けて通れません。これまで多くの方から「単語は一生懸命覚えていますが、英語が上達している実感がないのはなぜでしょうか？」と質問されました。全員とは申しませんが、そのような方々のなかには「be動詞と一般動詞の区別」「自動詞と他動詞の区別」がわからない方も多くいました。そうなると、必然的に動詞を覚えるときに"**使えない状態**"で覚えてしまいます。

① 英語の動詞には、be動詞のような「連結動詞(linking verbs)」と「一般動詞(action verbs)」の2種類がある

　日本人にとって、「beが動詞」だということは本当に理解するのが難しいようです。「私、元気」「今日、あなた、ヒマ？」が成り立ってしまう日本語

が母語だと、「私」と「元気」を"つなぐ存在"が必要なのだということがわかりにくいため、仕方ないのでしょう。しかし、**どんな文章にも「動詞」を必要とする英語**では、「私」と「元気」、「あなた」と「ヒマ」をつなぐ言葉（動詞）が必要で、そのうちの1つとして**"状態を表す"be動詞がある**、と覚えていただきたいと思います。

ちなみに一般動詞は、英語でaction verbsと言います。これは「名は体を表している」命名なのでわかりやすいですね。文字通り、食べる・飲む・歩くなど、**"動き"**を示している動詞が一般動詞です。

COLUMN 19　　　　　　　　　　　　　　　　　　Tips for Secretaries

一般動詞としても使える「連結動詞」

「何をいまさら…」と思われた方も少なくないかもしれません。しかし、動詞の話はネイティブ向けの英語教本でも相当のスペースを割いて説明しています。特に「連結動詞」は、彼らにとっても理解するのに困難を感じるようです。

連結動詞はbe動詞だけではありません。seem, appear, look, become, feel, smell, makeなど60個ほどあるそうです。ここで問題になってくるのは、**これらの連結動詞のなかには、一般動詞としても使えるものがある**ということです。例えば、It smells good. といえば「それは良い匂いがする」で、「それ」と「匂い」をつなぐ連結動詞です。しかし、He smells the flower. とすれば「彼はその花の匂いをかぐ」となり、smellは一般動詞として使われています。この見分け方の1つとして、**動詞部分をbe動詞に変えてみて、意味が通れば「連結動詞」、通らなければ「一般動詞」**、というのがあるそうです（なるほど！）。

・It smells good. → It is good.　○　これは「連結動詞」
・It tastes sweet. → It is sweet.　○　これは「連結動詞」
・He smells the flower. → He is the flower.　×　これは「一般動詞」
　（匂いをかぐ）
・He tastes stew. → He is stew.　×　これは「一般動詞」（味見をする）

② 一般動詞には「自動詞」と「他動詞」の２種類がある

英和辞書を引くと、動詞のあとに「自」「他」などという記号がついていることがあります。これらは自動詞、他動詞の略で、動詞を覚えるときには必ず知っておかなければならないことです。**他動詞とは目的語を必要とする動詞であり、自動詞とは目的語を必要とせず、独立して使える動詞**です。

③ 目的語とは日本語で「〜を・〜に」を伴って使う言葉である

例えば、We inform him of the news.（彼にそのニュースを伝えた）／ I saw the manager.（私はそのマネジャーを見た）の下線部が目的語にあたります。

〈英語の５文型〉
- 第１文型　主語＋自動詞
  I agree.（私は賛成する）
- 第２文型　主語＋自動詞＋補語
  She is a student.（彼女は学生である）
  ＊この自動詞はbe動詞などの「連結動詞」も含む。
- 第３文型　主語＋他動詞＋目的語
  I informed him of the news.（私は彼にそのニュースを知らせた）
  ＊前置詞句は目的語として扱わず、付加語とするため、of the news（ニュースを）は目的語としないことに注意。I have some information. などが一般的な第３文型です。
- 第４文型　主語＋他動詞＋目的語（〜に）＋目的語（〜を）
  I will send you a letter.（私はあなたに手紙を送ります）
- 第５文型　主語＋他動詞＋目的語（〜を）＋補語
  He makes me happy.（彼は私を幸せな状態に（＝幸せに）する）

受験参考書ではないので、これ以上は深入りしませんが、原則として覚えておくべきことは、以下の３つです。

(a) 一般動詞には２種類あること（自動詞・他動詞）

(b) 目的語には2種類あること（〜を・〜に）
(c) 動詞を覚え、使うときには「その動詞がどのような性質を持っているのか」に常に注意を払うこと

　先に書きましたとおり、**英語は動詞が要**となりますから、動詞をきちんと扱えるようになるだけで、見違えるように英語力がアップします。

④ 三人称単数現在形のsを忘れないこと、過去形と過去分詞を覚えること

　日本の学校では、中学1年生の半ばで三人称単数現在形のsを習い、さらに中学2年生で過去形を習います。しかし、私の知る限り、まず「三単現のs」でクラスの約半数が"脱落"し、さらに「過去形」でそのまた半分が"ギブアップ"しているのではないかとにらんでいます（さらに、そのまた半分が「過去分詞」で…）。

　いまさらではありますが、三単現のsは、主語がhe, she, itのように「Iとyou、複数名詞以外の単数」の場合、現在形の動詞にsをつける、という単純なルールです。しかしながら、これを忘れる人が多いのです。特に関係代名詞のあとなど、主語と動詞の位置が少し離れたときについうっかり、ということがあるようです。（例）The man who works here is intelligent.（下線部をworkにするのは間違い）

　この三単現のsというのは、日本人にはなじみがないためにとかく忘れやすいのですが、英語のネイティブからするとかなり違和感のある間違いだそうです。このようなところで印象を悪くするのはもったいないので、書いた文章は念には念を入れて見直しましょう。

　また、過去形の誤りでよく見るのが、「売る（sell）」のselled（正しくはsold）、「支払う（pay）」のpayed（正しくはpaid）などです。また、過去分詞となると百花繚乱（？）で、「書く（write）」をwriten（正しくはwritten）、「取る（take）」をtooken（正しくはtaken）、「値段が上がる（rise）」をrised（正しくはrisen）…と枚挙にいとまがありません。対策としては、とにかく書くたびに「あれ？」と思ったら辞書で確認することです。

活用を間違いやすい動詞のリスト

現在形	三単現	過去形	過去分詞	意 味
break		broke	broken	壊す
catch	catches	caught	caught	捕まえる
cost	costs	cost	cost	費用がかかる
draw		drew	drawn	線や表などを描く
eat		ate	eaten	食べる
fall		fell	fallen	落ちる
fly	flies	flew	flown	飛行機で移動する
hear		heard	heard	聞く
lead		led	led	率いる
leave		left	left	発つ　*leavedという間違いが多い
lay		laid	laid	（他）〜を横にする
lie		lay	lain	（自）横になる
lie		lied	lied	嘘をつく
mean		meant	meant	意味する
pay	pays	paid	paid	支払う
ride		rode	ridden	〜に乗る
rise		rose	risen	（自）上がる
raise		raised	raised	（他）〜を上げる
show		showed	showed	見せる
wake		woke	woken	目を覚ます
wear		wore	worn	着る

＊特にlayとlieについてはネイティブでも間違いやすい動詞としてよく知られています。また、lieは意味によって活用が変わりますので気をつけましょう。ちなみにlieの現在分詞はlyingで、これはどちらの意味でも共通です。

COLUMN 20　　　　　　　　　　　　　　　　　　Tips for Secretaries

品詞を理解するクイズ

　ネイティブ向けのライティングスクールWritewellUで学んだとき、半年間のコースで何度も言われたことが**「品詞を理解することの大切さ」**でした。名詞、動詞、形容詞、副詞といった品詞を正しく理解すれば、文章を正しく理解できることになるし、またたとえ単語の意味を知らなくても文章の意味がなんとなくわかるようにもなります。

　コースでやった面白いクイズを一部ご紹介しましょう。次の文章は、いくつかの例外を除いてほとんどが意味のない単語を並べてできています。それぞれの単語の品詞を当ててください。

　The finklepuss garanged in the topo.

〈答え〉定冠詞のtheがついているのでfinklepussは名詞。名詞に続いた単語で、-ed（過去形）がついているのでgarangedが動詞。最後のtopoはin（前置詞）the（定冠詞）に続いているので名詞。

　Some biddlefritches love wuzzies, but crutwizzles prefer fruzfrums.

〈答え〉someとlove（＝三単現のsがついていない）から判断して、biddlefritchesは名詞の複数形。loveは他動詞なので、wuzziesは目的語で名詞の複数形。crutwizzlesはprefer（「～を好む」）という動詞の直前にあるため主語であり、名詞の複数形。また、preferは他動詞なので、fruzfrumsは目的語であり、名詞の複数形。

　Virz bishpurked to the kwerk, and lurkig frinkled whuzigly.

　→　考えてみてください！（「正解」は次ページ）

〈クイズの答え〉bishpurk に –ed がついていることと、to という前置詞が続いていることから bishpurked は動詞。動詞の前だから Virz は主語で名詞。to（前置詞）the（定冠詞）に続くことから kwerk は名詞。frinkl(e) に –ed がついていることから frinkled は動詞。その直前にあるから lurkig は主語で名詞。最後の whuzigly は、主語 ＋ 動詞に続いて出てくる –ly 形なので副詞。そして、frinkled の後には目的語がないので自動詞。

時制について

英語は時間表現がなんと16もある言語だそうです。つまり、日本語にはない時間表現もあるわけで、これらを全部覚えるのは相当大変です。しかしながら、すべてを詳細に説明するのが本書の目的ではありませんので、これまでご質問を受けたなかで、いくつか大切と思われる事項に絞って説明いたします。

現在形と現在進行形：

現在形は「現在の状態」だけでなく、「習慣としてやっていること」「不変の事実」を示します。つまり、usually, once a month, every year など、頻度を表す副詞が一緒に使われる場合があります。

Mr. Jones holds a big meeting every summer.
毎夏、大きな会議を開く。（＝習慣）
Writing a book usually needs a lot of time and energy.
通常、多くの時間とエネルギーを必要とする。（＝不変の事実）

また、特に頻度を表す副詞がなくても、「習慣としてそうしている」ことは現在形です。

She gets up early.

彼女は早く起きる。(＝頻度を表す副詞はないが、習慣と判断できる)

現在形

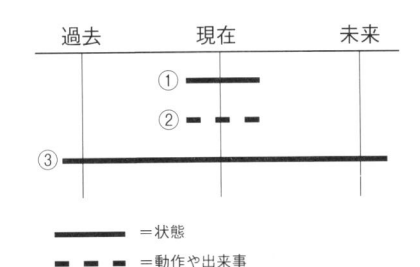

```
    過去      現在      未来
              ①━━━━━
              ②- - -
  ③━━━━━━━━━━━━━━━━━━
```
━━━ ＝状態
- - - ＝動作や出来事

POINT
習慣、不変の事実
① I am a student.
② I get up early every morning.
③ Summer is hot.

現在進行形は**「期限付きの」行動や状況**を示す、と考えればわかりやすいと思います。例えば、「いま、メールを書いている」「最近、勉強している」などは現在進行で書きます。

I am preparing the report right now.
いま、レポートを作成している。
She is not working at this moment.
現時点で、彼女は働いていない。

現在進行形

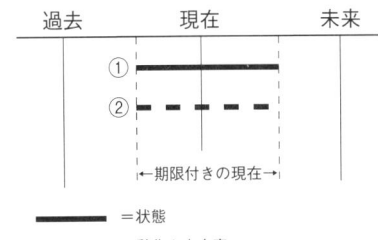

```
    過去      現在      未来
              ①━━━━━
              ②- - - -
           ├─期限付きの現在─┤
```
━━━ ＝状態
- - - ＝動作や出来事

POINT
「今」、「このところ」など、ある期限内での動作や状況、状態
① I am writing a letter now.
② She is taking an English course until March.

現在完了形：
　現在完了形は、**過去というより、現在の時制**に入ります。原則として、過去から続いてきた話が現在まで影響を及ぼしていること。また、**過去から続いてきた話に現在の事項が含まれている、もしくは過去の事項が現在と極めて強いつながりを持つ状況**で使われます。

　I have just arrived at the station.
　ちょうど今、駅に着きました。（→「いま」が含まれている）
　I have lived in Tokyo since I was born.
　（→生まれてからずっと「いま」まで住んでいる）
　How long have you been in Japan?
　（→日本に来てから「いま」までのどれくらいの期間）住んでいるのですか。
　Wow! We have won the competition!
　（→これまであった出来事の結果として）コンペで勝った。

　現在完了形は"**時間を線で見ている**"と考えればわかりやすいのではないでしょうか。大げさにいえば、過去から現在までの時間の流れの中で起こった出来事のうち、現在にまで影響を及ぼしていることについて語るときに使う時制です。よって、**話の中に「現在」が含まれている**、と考えてもいいかと思います。

　She has visited Australia once.
　（→過去から現在までの「時間の流れ」の中で「一度」訪問したことがある）
　I have visited Vienna several times.
　（→過去から現在までの「時間の流れ」の中で「何度か」訪問したことがある）

現在完了形と単純過去形の使い分け：
　現在完了が「線」なのに比べて、単純過去は「点」です。文字通り「過去」に関することを述べていますので、「**もう終わってしまって、現在と直接の関**

係がないこと」「過去を表す副詞表現（yesterday, last yearなど）がある場合」に使います。

I was a student ten years ago.
（→ ten years agoがあるから単純過去）
She worked for a big company in 2000.
（→ in 2000があるから単純過去）

現在完了形

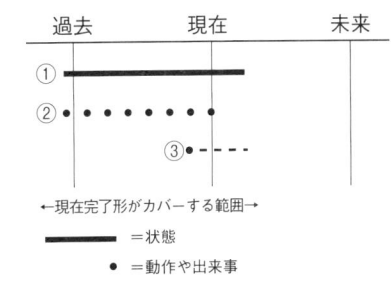

POINT

明確な過去を表す副詞表現（yesterday, three years agoなど）がない。
その事象が現在を含む、もしくは現在に影響を及ぼしている。
① I have known him for five years.
② I have been to New York twice.
③ He has lost his wallet.

単純過去形

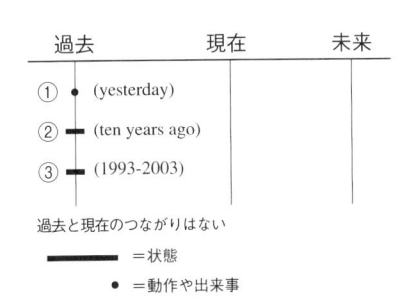

POINT

明確な過去を表す副詞表現がある。
その事象が過去で完結し、現在に影響を及ぼしていない。
① He was sick yesterday.
② He lived in Tokyo ten years ago.
③ He was a teacher from 1993 to 2003.
＊①〜③はいずれも「過去はそうだったが、今は違う（かもしれない）」の意味を持つ。

単純未来形と未来進行形の使い分け：

　単純未来は未来のことを語る際に使う時制、とされますが、厳密にいえば人が主語になると「希望や意思表示」の意味が入ってきます（モノや事象が主語ならば単なる「未来に起こるであろう出来事」です）。

　It will be rainy tomorrow.
　明日は雨でしょう。（→ 単なる予測）
　I will see you tomorrow.
　明日お会いしましょう。（→ 自分の意思が含まれている）

　そこで、「自分の意思を入れない単なる予測」を表現したいときに便利な時制として、**未来進行形**があります。これは、「現状のままでいけばこうなる」という意味であり、そこには話し手の意思が入りません。
　これを利用して、丁寧な言い方にすることも可能です。下の What time will you come here tomorrow? では、「明日こちらに来るのですよね、何時ですか」というような **"聞き手の意思や期待"** が含まれているのに対し、What time will you be coming here tomorrow? であれば、**現状のままであれば、何時ごろこちらにお見えになることとなるのでしょうか**」という少々回りくどいながら**丁重な表現**となります。

　What time will you come here tomorrow?
　　（→ 聞き手の「意思」が入る）
　What time will you be coming here tomorrow?
　　（→現状のままでいった場合の結果）

単純未来形と未来進行形

| 過去 | 現在 | 未来 |

will be -ing

will, be going to, be -ing ）予想、意思、計画

POINT

単純未来（will）や be going to, be -ing が予想や意思、計画などを表すのに対し、未来進行形の will be -ing は「現状のままでいけばこうなる」と、話し手の意思が存在しない"単なる結果"を表すことができる。

名詞とその周辺について

複数形にしない名詞

以下の名詞は原則として複数形にしません。

accommodation　宿泊先（アメリカではaccommodationsと複数形になります）
advice　アドバイス
equipment　器具
furniture　家具
information　情報
knowledge　知識
luggage, baggage　荷物（後者はアメリカで使われることが多い）
　＊「お手荷物はいくつですか」は、How many pieces of baggage do you have?
money　お金
news　ニュース
　＊That's good news!（That's a good news! は間違い）
progress　進歩
research　調査
staff　スタッフ
　＊「たくさんのスタッフ」は、many staff members

travel　旅行
　＊「たくさんの旅行」は、many trips
work　（やっている）仕事
　＊jobは、a jobやjobsが可能

複数形で使われる名詞

以下の名詞は通常、複数形で使います。**あとに続く動詞も対応します**から気をつけましょう（三単現のsはつけない）。

headquarters　本社、本部
　＊HQsと略すことも多い
goods　商品
means　手段
contents　内容、コンテンツ
pants（ズボン）、scissors（はさみ）、glasses（眼鏡）、gloves（手袋）、socks（靴下）
　＊対になっているもの
police　警察
　＊the policeとして複数扱い

〈例〉
The goods are sold at that shop.
（それらの製品はあの店で売られている）
His glasses are expensive.
（彼の眼鏡は高価だ）

冠詞について

　a（不定冠詞）とthe（定冠詞）について語り始めると一冊の本ができるくらいです。ここでは、秘書が使うだろうと思われる表現のみに絞ってご説明します。

(1) 社内に1人しかいない役職はtheをつける

　the president
　　＊a presidentとすると、社内に何人か社長がいることになります。複数在籍する場合はaをつけます。

〈複数在籍する例〉
　a vice president / a manager in the sales department /
　a director in charge of management planning

(2) breakfast, lunch, dinnerには冠詞をつけない。ただし、形容詞がついた場合には冠詞をつける

　We have lunch together.
　It was a special big lunch.
　May we invite you to the memorial dinner on November 8?

(3) 交通手段、移動手段にはtheをつけない

　by car　　車で
　by train　　電車で
　by taxi　　タクシーで
　by plane　　飛行機で
　on foot　　徒歩で

　「aとtheをどうしてもざっくりと理解したい」という方には、次のようにお話しすることにしています。

> a は、初めて話に出てきたもの
> the は、（話し手と聞き手の）共通認識があるもの、「例のアレ」

つまり、Do you know the girl who is standing under the tree? であれば、「（あなたにも見えているあの）木の下に立っている、（あなたにも見えているあの）女の子を知っていますか？」という意味で、**お互いに認識している、あの○○**、というニュアンスです。それに対して、例えば友人に対して「あ、そうそう、そういえばこれね…」と辞書を取り出しながら、This is a dictionary that my father gave me. と言えば、その辞書についての話を相手にこれまでしたことがなく、この場で**初めて見せ、初めてした話**、というニュアンスです。これが、「ほら、このあいだあなたがくれた例の辞書」であれば、This is the dictionary that you gave me. となるわけです。

前置詞について

前置詞も語り始めるとキリがありません。ここではビジネスレターなどでよく使う時間表現について、ご説明するに留めます。

次の３つは「**at 時間、on 曜日・日、in それより長い単位**」と暗唱すると便利です。

at	時間	at four o'clock / at 4 a.m. / at 6 p.m.
on	曜日、日	on Monday / on July 12 / on 12th July / on the 12th
in	月、年など	in November / in winter / in 2012 / in the future

⚠注意！
on July 12 は、日にち（「7月12日」）に前置詞がついていると考えます。"July の前だから in" ではありません。

第5章　秘書に関わる英文法

⚠️**注意！**

「先週」「先月」などと言うときには前置詞 はつけません。

〈例〉

last week　　last month　　next Friday　　this night

また「1週間」「1か月間」など、「長さのある時間」を表すときは、for a week, for a monthとなります。ただし、文中ではforを使わないことも多いです。

〈例〉

Mr. Smith has been abroad two months.

（スミス氏は2か月間海外に滞在している）

例外なのが、「週末に」で、on weekends（またはon the weekend）です。

[参考]

in the morning	午前中に
in the afternoon	午後に
in the evening	夕刻に
at noon	正午（12時）に
at night	夜に
at midnight	夜中に
on Monday morning(s)	毎週月曜の朝に
on Sunday afternoon(s)	毎週日曜の昼に
on Tuesday evening(s)	毎週火曜の夕刻に

⚠️**注意！**

inという前置詞で「～後に」を表すケースがあります。

〈例〉

Mr. Machida will see you in a few minutes.

（何分後かに町田がまいります）

121

She is out of the office and will be back in a week.
（彼女は不在にしておりまして、1週間後に戻ってきます）
　＊「～以内に」と伝えたいときにはwithinを用います。
　　（例）within a month（1か月以内に）

気をつけないといけないのは、in a weekは「これから1週間後」ですので、例えば今日が月曜日なら「来週の月曜日」を指します。もし、「今週末までに帰ってきます」と伝えたければ、She will be back within the week. ですが、これですと土曜日までと取られる可能性もありますので、例えば「今週の金曜日までに」と明確にしたければ、She will be back by coming Friday. と表現したほうが無難です。

なお、場所についてはatとinの両方を使いますが、これは相対的に変化することもありますので注意が必要です。

at 場所（地点）　　　　　at the station / at the airport / at the company
in 場所（都市や国など）　in Tokyo / in Osaka / in Japan

比較級における論争 ── more than I or more than me?

これは興味深いトピックですので、簡単に触れておきます。

(a) Beth is working on more projects than I.
(b) Beth is working on more projects than me.

「ベスは私よりも多くのプロジェクトに従事している」という文章ですが、さて、どちらが正しいでしょうか？
　答えを先に言うと、「文法的には」(a) のほうが正しいことになっています。これは**「何と何を比較しているか」**考える問題で、この文章では「Bethと私」が比較されています。私（I）の後に省略されている語句を補って書い

てみますと、Beth is working on more projects than I (am working on).になります。

ご存じのとおり、日本語で言うと主語とは「〜は」「〜が」がつく言葉です。つまり、この文章は「ベスは」と「私が」という主語同士を比較した文なので、もしthanの後に目的語（me）を持ってくると、主語と目的語（目的格）の比較になってしまい、辻褄が合わなくなるのです。

では、次の文章、The new policy surprised Meg more than me.（その新しい方針は私よりもメグを驚かせた）を考えてみてください。ここでは主語はthe new policyです。動詞が他動詞のsurprise（〜を驚かせる）で、目的語を必要とします。Megは目的語ですので、比較の対象となるのはやはり目的語です。ですから、代名詞の目的格を使ったmore than meであり、この文章は文法的に正しいと考えてよいのです。省略しないで書くと、The new policy surprised Meg more than (the new policy surprised) me.になります。

上記の話に違和感がある、とおっしゃる方の気持ちはよくわかります。初めてこの話を聞いた多くの方はキツネにつままれたような顔をされます。この比較級における代名詞の格の問題は、英語圏でも見解が分かれているそうです。最初の文では主格を用いるほうが文法的には正しいとは言っても、昨今では目的格を用いる人が増えてきたため、それでもかまわないのではないか、という意見もあります。実際に、日常会話などではmore than me / her / him / us / themがよく使われていますし、歌詞や新聞・雑誌の記事などでも「more than + 目的格」のほうがよく見受けられます。統一見解はまだありませんが、**「正式な文章ではmore than Iを使う」**ということさえ覚えておけば、日常会話などでは柔軟な運用でもかまわないのではないでしょうか（私は文法的に正しいほうにこだわりますが…）。

形容詞における混同——boring *or* bored?

boringもboredも、他動詞が形容詞化したものです。-ingと-ed、つまり現在分詞になるのか、過去分詞になるのかで意味が変わってしまう重要な問題であるものの、なかなか正しい使い分けができない、とおっしゃる生徒さん

が多いです。ここで整理して覚えてしまいましょう。

違いのわかる覚え方：

このような形容詞を作る代表格の動詞としては、次のようなものがあります。

amaze / annoy / bore / confuse / depress / disappoint / embarrass / excite / interest / satisfy / surprise / tire

繰り返しますが、これらは全て「他動詞」、つまり「人や物を〜させる」という動詞です。この動詞に現在分詞 -ing がつくと、"他者に影響を与える"形容詞になります。つまり、**主語が他者に影響を及ぼす、主体になる文章であれば「-ing形容詞」を使います。**

それに対して、過去分詞 -ed がついた形容詞は受動態とみなされ、"主語が影響を受ける"ことになります。つまり、文末に **by 〜を追加してみて、意味が通じる文章が作れるのであれば「-ed形容詞」を使います。**

こればかりは口で慣れていただくのが近道だと思います。次の文章を暗記するまで繰り返して言ってみてください（カッコ内は参考までに追加した部分なので、実際は必要ありません）。

This is a boring lecture. All students were bored (by the lecture).
これは退屈な講義だ。全ての学生は退屈していた（させられた）。
This is exciting news. I was so excited (by the news).
これはワクワクするニュースだ。私は興奮した（させられた）。
He made a confusing question. Everyone was confused (by the question).
彼はわかりにくい質問をした。みんな頭が混乱した（させられた）。

関係代名詞の制限用法と非制限用法

関係代名詞には2つの用法があります。制限用法（restrictive use）と非制限用法（nonrestrictive use）です。特定用法（identifying use）と非特定用法

（nonidentifying use）とも言います。

　この使い分けは英語ネイティブにも難しいらしく、米国秘書検定でもしばしば出題されましたし、英語の文法書を見てもこと細かに説明してある部分です。もちろん日本人にとってもやっかいな問題なのですが、これは例文で身につけたほうがわかりやすいと思いますので、以下をご覧ください。

〈例1〉
　(a) The applicant who we interviewed yesterday is better than this one.
　　　［制限用法］
　　　私たちが昨日面接した応募者のほうが、この応募者よりも優れている。
　(b) John Myers, who we interviewed yesterday, will take over her role.
　　　［非制限用法］
　　　ジョン・マイヤーズ——私たちが昨日面接した——が、彼女の業務を引き継ぐことになりました。

　(a)はwho以下が先行詞the applicantを修飾しています。このwho以下は**先行詞を明確にし、「どのapplicantを指しているのか」を特定するうえで不可欠な部分**です。この関係代名詞の部分がなければ、「The applicant is better than this one.と言われても、いったいどの人のことを指しているのだろう？」と読み手は疑問に思います。しかし、who以下があることによって、「ああ、私たちが昨日面接した、あの応募者か」と納得できるわけです。

　それに対して、(b)は関係代名詞の部分がなくても「ジョン・マイヤーズが彼女の業務を引き継ぐことになった」で文意は伝わります。ただ、書き手としては、ジョン・マイヤーズに関する**追加情報**（＝私たちが昨日面接した）を伝えたい。そこで、カンマを打って関係代名詞を続け、「ジョン・マイヤーズが——私たちが（彼を）昨日面接したのですが——彼女の業務を引き継ぎます」と追加情報を提供しているのです。つまり、**非制限用法は、先行詞を明確にするという役割ではなく、「情報を付け加える」ために使う関係代名詞の用法**なのです。もし関係代名詞の部分がなくても意味がつながるようであれば、それは非制限用法です。

さて、この制限・非制限について、重要なことをご説明しなければなりません。何かといいますと、制限用法は、先行詞の意味を狭めて定義づける働きをするため、「**複数あるうちでこれ**」というように複数の中から１つを特定、区別する用法である、ということです。この説明ではわかりにくいので、もう１つ例を挙げましょう。

〈例2〉
　(a) Mike loves to talk about his sister who works as a cabin attendant.

　この「制限用法」で書かれた文章を読むと、読み手は反射的に、「マイクは彼のどの姉妹について話すことが好きなのだろうか」と考えます。なぜなら、**制限用法には複数の中のある１つのことを具体的に説明する働きがあるため**です。ですから、「ここには明言されていないが、マイクには２人以上の姉妹がいるのだな。そのうち、キャビンアテンダントをしている姉（妹）について話すことが好きなのだな」と読み手が思うのは自然なのです。

　(b) Mike loves to talk about his sister, who works as a cabin attendant.

　では、(a) と全く同じ文章が「非制限用法」で書かれていればどういうことになるでしょうか。これまでご説明してきたとおり、**非制限用法は「先行詞に関する追加情報を述べたい」場合に使います**。ですから、読み手は「マイクには、妹か姉が１人いるのだ。その人はキャビンアテンダントをしているのか」と理解します。
　〈例1〉の (a) The applicant who we interviewed yesterday is better than this one. をここでもう一度見直してみてください。この制限用法では、「私たちが昨日面接した、あの応募者」以外にも何人か他に応募者がいることを暗示しています。その複数の応募者のうち、「私たちが昨日面接した応募者がこの応募者よりも優れている」ということになるわけです。
　いかがでしょうか。はじめは少し戸惑うと思いますが、関係代名詞を使うときにはぜひいったん立ち止まって、「複数の中の１つ（１人）を説明する制

限用法なのか、それとも追加情報を提供する非制限用法なのか」を考えてみてください。これだけでずいぶん違うと思います。では、最後に確認テストを。どちらが正しいでしょうか？

(a) His father who graduated from a famous business school is a consultant.
(b) His father, who graduated from a famous business school, is a consultant.

正解は、(b) です。(a) だと、彼の父親は2人以上いることになってしまいます！

関係代名詞一覧表：

		主格	所有格	目的格
制限用法	人	who/that	whose	who(m)/that
	もの	which/that	whose	which/that
非制限用法	人	who	whose	who(m)
	もの	which	whose	which

＊非制限用法ではthatは使えないことを覚えておいてください。また、非制限用法では目的格の省略はできません。(例) His father, I met at the station, is a famous actor. は間違い。

パンクチュエーション（句読法）の基礎の基礎

英語の表記や句読点の打ち方などをまとめて「パンクチュエーション (punctuation)」といいます。これも詳細を学び始めると本当に膨大な分量になりますので、ここではどうしてもご紹介したいことだけに留めます。

数の表し方

原則として、以下の数字は綴りで書く（= spell out）ことになっています。

- 1から10までの数字 →
  one, two, three, four, five, six, seven, eight, nine, ten
- thousand, million, billionなどの単位の前にくる数字 →
  three million yen, ten thousand dollars, four billion euros
- 数字が2つ、もしくはそれ以上続くとき →
  May I have ten 80-yen postal stamps?（80円切手を10枚いただけますか？）＊10 80-yen … では読みにくい。
- 文章の頭に数字がくるとき →
  Ten people attend the conference.
  ＊「文章を数字で始める」のはできるだけ避けたほうがよいともされています。

大文字・小文字

大文字にすることを英語でcapitalizeといいます。「キャピタライズして」と言われたら「大文字で書いて」ということです。このルールも確認しておきましょう。単語の始まりの文字を大文字にするのは、次の場合です。

- 文章の始まり
- 固有名詞（人名、地名、会社名など）
- 肩書きを固有名詞の直前につけるとき
  （例）President Obama, Prime Minister Abe
  ＊企業内での肩書きを単体で使うときにも大文字にする場合があります。厳密な決まりはありません。
  （例）I want you to meet one of our directors. He was promoted to Director last week.
- 書名や論文の題名は、前置詞・冠詞・接続詞（and, but, orなど）以外
  （例）Gone with the Wind / Report for National Museum Association / To Be or Not to Be
  ＊様々な流儀があるのも事実で、以上は一般的なルールです。

第5章 秘書に関わる英文法

⚠️ 注意！

- 方角は小文字　east, south, west, north, south east, south west, ...
  ＊略号になると大文字です。E, S, W, N, SE, SW, ...
  ＊特定の地方を表すときには大文字です。（例）Far East（極東地域）
- 季節は小文字　spring, summer, fall, winter
- 月の呼び名は大文字　January, February, March, April, May ...

なお、パワーポイントでプレゼンテーション資料を作成する際に、タイトルボックスについては各単語の最初を大文字にすることがあります。ただし、**前置詞・冠詞・接続詞は大文字にしません**。これは書名や論文の題名と同じルールです。

パンクチュエーション

●ピリオド（.）

ピリオドについてお伝えしたいことが1つあります。疑問文の形をしていても、丁寧な依頼文と考えられる文章の最後はクエスチョンマーク（?）の代わりにピリオドを打つ、と従来教えられてきました。例えば、次のような文章です。

Would you please come to our office tomorrow.
May we ask you to visit us.

しかしながら、現在のアメリカではこれらは疑問文として扱い、アメリカ人の先生からは、意味に関わらず疑問文にはクエスチョンマークをつけるように、と私は厳しく指導を受けました。ですので、このルールは現在は揺らいできていると思われます。

では、どちらがよいかといいますと、年配の方に差し上げる、**格調を重んじる手紙は従来どおり、依頼文の意味であればクエスチョンマークの代わり**

にピリオドを打つほうが無難だと思います。通常のeメールや手紙であれば、疑問文にはクエスチョンマークでかまわないのではないでしょうか。

●カンマ（,）

　カンマでいちばん気をつけないといけないことは、何でもカンマでつないで文章を長くしてしまわないことです。だらだらした印象を与え、読みにくくなります。

＊いわゆる重文（主語＋動詞―接続詞―主語＋動詞）のとき、接続詞の前にカンマを打つことになっています。（例）She is a pianist, and he is a violinist.
＊従属節（If ～ / When ～など）が主節より前に来たときは、従属節の後ろに打ちます。（例）When I went to the office, my co-worker said something to me. しかし、この位置が逆転したときにはカンマは要りません。（例）My co-worker said something to me when I went to the office.
＊文頭に副詞句が来たとき、副詞句の終わりにカンマを打ちます。
　（例）After she read the book, she told me it was extremely interesting.
　しかし、副詞句が短い（目安として4語くらいまで）ときには省略されるのが普通です。（例）After she runs she takes a shower.
＊3つ以上の動詞や名詞を並べるとき、「a, b, and c」のようにカンマを続け、最後に and や or などの接続詞を置きます。（例）His manager speaks English, Chinese, and Japanese.（… English, Chinese, and, Japanese. は間違い）

●セミコロン（;）

　使い方がよくわからないという声をしばしば聞くのですが、これは本当に便利なパンクチュエーションです。一言でいえば**「ピリオドより弱く、カンマより強いブレス記号」**です。

Many staffers said they are happy with their working environment; a lot of them tend to keep working for more than 15 years.

　この文では「多くの職員が労働環境に満足していると言っていた」と、

「多くの者は15年以上勤務している」の2つの文はお互いに関連性があります。このように"2つの文に関連性がありますよ"ということを示すのがセミコロンと考えるとわかりやすいと思います。そうなると、2番目の文章はhowever, moreover, indeed, otherwise, thereforeなど、「前の文章を受けて次に進む」接続副詞で始まることが多いのが特徴です。

> He worked harder than any other employee; therefore, he promoted to manager even he was young.
> （彼は誰よりも一生懸命働いた。<u>それゆえに</u>（一生懸命働いたから）若かったにもかかわらずマネジャーに昇進した）

ここはピリオドで切ってしまうと、最初の文章で断ち切れた印象を受けます。かといってカンマでつなぐと、長くなりすぎる上に2つの文のつながりが見えにくくなります。セミコロンを使うと、**関連性を示しつつ次の文章につながり、論理的で洗練された文章**という印象になります。

⚠️**注意！**
and, or, but, soのような「等位接続詞」で2つの文をつなぐときは、**セミコロンではなくてカンマ**を使います。代表的な等位接続詞は7種類あり、boysfan (but, or, yet, so, for, and, nor) と覚えると便利です。

接続副詞の例

以下のような副詞で2つの文をつなぐときは、セミコロンを使います。ちなみにその理由は、セミコロン自体が"接続詞"の扱いなので、後ろは副詞が続かなければならないということだそうです。

> however / nevertheless / accordingly / for example / furthermore / moreover / instead / namely / meanwhile / finally

ちょっとややこしいのが、butは接続詞ですが、howeverは副詞であるこ

と。She is a pianist, but he is a violinist. ですが、She is a pianist; however, he is a violinist. となるわけです。howeverのほうが、「文と文をつなぐ」かしこまった表現となります。

「これ以上カンマを打つと読みにくくなる文章」にもセミコロンを用います。例えば、次のような文章があったとしましょう。

He bought pencils and erasers from Ascent, ballpoint pens and notepads from Birmingham, plastic files and pencil sharpeners from Ryman.

いかがでしょうか。ずっとカンマが続いていて読みにくい印象がありますね。そこで、セミコロンの出番です。

He bought pencils and erasers from Ascent; ballpoint pens and notepads from Birmingham; plastic files and pencil sharpeners from Ryman.

これですと、**セミコロンのところでいったん息継ぎをする文章になります**ので、「3社から2品目ずつを買った」とわかりやすく、かつ読みやすい文章になります。

●コロン（:）
コロンとセミコロンはよく混同される代表的なパンクチュエーションです。一言でいうと**「コロンは例示で、セミコロンは接続」**です。
コロンを使う例文として次のような文章があります。

There are some projects: office renovation, network system replacement, vendor management system development, and accounting procedures revision.
（いくつかのプロジェクトがある。すなわちオフィスの改装、ネットワークシステムの入れ替え、業者管理システムの構築、経理処理の見直しだ）

ここで、コロンのあとには接続詞がないことに注目してください。コロンは例示（すなわち、例えば）の意味になると決まっているため、接続詞を必要としません。

⚠️**注意！**
コロンは動詞のあとにつけることはできません。また、前置詞につなげるのも間違いです。

- × The people I want to talk to are: Jean Gabriel, Melissa Chapman, and Nigel Barton.
- × The people I want to talk to: Jean Gabriel, Melissa Chapman, and Nigel Barton.
- ○ The people I want to talk to are Jean Gabriel, Melissa Chapman, and Nigel Barton.

間違いやすい単語リスト

ここでは「誤答率が大変に高い単語」をまとめてご説明します。気をつけるべきことは「これからご紹介する単語は全てそれぞれ正しい綴りである」ということ。つまり、間違って使ってしまっても、スペルチェック機能では間違いを見つけられないのです。くれぐれも気をつけましょう！

accept	受け入れる
except	〜のほかに
expect	期待する
adapt	適合させる
adopt	採用する
affect	〜に影響を及ぼす（他動詞）
effect	影響

all ready	準備が整っている　（例）Everything is all ready.
already	すでに
assistance	助け、助力
assistant	アシスタント（助ける人）
bad	悪い（形容詞）
badly	ひどく、悪く（副詞）　（例）The town was badly damaged.
beside	〜のそばに、近くに
besides	〜に加えて（前置詞）　さらに（副詞）
calendar	カレンダー、暦
calender	紙や布などのつや出しをする機械
complement	補語（名詞）　〜を補完する（動詞）
compliment	賛辞（名詞）　〜をほめる（動詞）
complimentary	招待の、無料の、称賛の
council	協議会、諮問委員会
counsel	弁護士、助言、忠告
customer	一般的な意味での顧客、主に物を買ってくれる人
client	契約などに基づき、定期的に費用（=fee）を支払う顧客、主にサービスを買ってくれる人
guest	ホテルや自宅などへのお客様
visitor	主に企業などへの来客
audience	劇場・講演会などの観客
passenger	乗客
day	曜日　（例）What day is it today?（今日は何曜日ですか）
date	日付　（例）What's the date today?（今日は何日ですか） ＊What date is it today? でもよいのですが、dayとdateを混同しやすいため、あえてWhat's the date today? で覚えるのも手です。

第5章　秘書に関わる英文法

dependence	依存
dependent	扶養家族
desert	砂漠　＊**デ**ザート、と頭にアクセント
desert	破棄する　＊ディ**ザ**ート、と後方にアクセント
dessert	デザート
each	各々の　＊構成要素が独立しているときに使う （例）Each member has a different opinion.（各々のメンバーが違った考えを持っている）
every	すべての　＊構成要素をまとめて考えるときに使う （例）I can remember every word he said.（彼の言ったすべての言葉を思い起こすことができる）
experience	不可算名詞として扱い、いわゆる「スキル」とか「知見」、「経験」という意味。（例）I have a lot of experience of being an executive assistant.（私は重役秘書として豊富な経験がある）
experiences	複数のsを付けて可算名詞になると、「体験談」の意味になる。（例）I have a lot of interesting experiences as a cabin attendant.（キャビンアテンダントとしての面白い経験談がいろいろある） ＊つまり、I have a lot of experiences as an executive assistant. だと、「経験豊富な」というよりも「体験談が多い」という意味になる。
farther	さらに、もっと　＊物理的な距離に使う
further	さらに、もっと　＊時間や質など、目に見えない距離に使う
formally	正式に
formerly	以前は
good	良い（形容詞）　（例）He is a good singer.（彼は上手な歌い手だ（＝歌がうまい））
well	良く（副詞）　（例）He sings well.（彼は上手に歌う）

its	その（代名詞 it の所有格）
it's	it is の短縮形　＊発音は its と同じ
lay	〜を横にする（他動詞）
lie	横になる（自動詞）、嘘をつく（自動詞）　＊意味によって活用が違う
lose	〜を紛失する、なくす（動詞）
loose	ゆるい、ゆるんだ（形容詞）　＊発音は「ルース」（「ルーズ」は×）
maybe	たぶん（副詞）　（例）Maybe she will come here soon.
may be	助動詞 may + be 動詞　（例）She may be at home.
personal	個人的な
personnel	人事の　（例）a personnel manager（人事部長）　＊アクセントはいちばん後ろ（「パーソネル」）
precede	先んじる　（例）My name should precede Ms. Arabella's in the directory.（名簿では私の名前のほうがアラベラさんよりも前にくるはずです）
proceed	前へ進む　（例）We will proceed to the meeting in Seattle.（シアトルの会議に向かいます）
principal	主な、重要な（形容詞）　校長、元金、元本（名詞）
principle	原理、原則、主義
raise	〜を上げる（他動詞）
rise	上がる（自動詞）
residence	家
resident	住人
right	正しい、合っている（形容詞）　右（名詞）
rite	儀式、典礼
write	書く
	＊発音は全て同じです

第5章　秘書に関わる英文法

for some time	ちょっとの時間　（例）Can I see you for some time next week?（来週ちょっと会えませんか？）
sometime	いつか　（例）See you again sometime in the future.（いつかそのうち会いましょう）
sometimes	時々　（例）We sometimes play golf with them.（私たちは時々彼らとゴルフをする）
stationary	動かない、静止している
stationery	文房具　＊カタカナで「ステーショナリー」と書くことが多いため、綴りをstationaryと間違いやすい！
suit	都合などが合う（動詞）
suite	（ホテルなどの）スイートルーム
their	彼らの
they're	= they are
there	そこに、そこへ　＊発音は3つ全て同じです
retire	定年退職で会社を辞める（例）He retired from his company.
quit	転職などで会社を辞める（例）He quitted his job.　＊jobが目的語に来ることが多い
leave	quitとほぼ同義で、転職などで会社を辞める（例）He left his company.　＊companyが目的語に来ることが多い
resign	quit, leaveとほぼ同義だが、地位を離れる、という意味でも使える　（例）He resigned as director.（＝部長職を離れた）＊会社を辞める、というときにはretireと同じようにfromをつけます。（例）He resigned from his company.
wage	労働に対する賃金　＊特に肉体労働の場合が多い
charge	一般的な料金、費用
fee	謝礼、報酬、授業料　＊弁護士や会計士など、専門職に支払うもの。毎月定額を定期的に支払う場合もfee
fare	交通機関や輸送機関に支払う代金　（例）airfare（航空運賃）
price	物の値段

by	〜までに　＊「期限」を示す（例）He should submit the proposal by tomorrow.（明日までに計画は提出すべきだ）
until	〜まで　＊「継続」を示す（例）It will be raining until tomorrow.（明日まで雨は降り続くだろう）
real	本当の、真実の（形容詞）
really	本当に（副詞）
site	場所、会場
sight	視界、光景
cite	引用する、言及する ＊発音は全て同じです
souvenir	（自分のための）土産　＊旅先で買う「自分のための」思い出の品のこと
gift	（他人への）土産
your	あなたの
you're	= you are ＊発音は同じです
whose	誰の
who's	= who is, who has ＊発音は同じです

秘書がよく使う英単語

- agenda　議事録、アジェンダ
- agent　代理店　＊a travel agent（旅行代理店）
- ASAP　できるだけ早く　＊as soon as possibleの略で、「エイサップで」と言われたらASAPのこと
- attire　服装　＊business attire（ビジネススーツ）
- board members　取締役、役員会メンバー　＊boardroomは「役員会議室」のこと

第5章　秘書に関わる英文法

- brochure　会社案内　＊brochuresと可算名詞になる
- budget　予算　＊「目標値」という意味もあるので注意
- courtesy call　表敬訪問（例）Mr. Saito will pay a courtesy call to one of the VIP clients tomorrow.（斎藤氏は明日、重要顧客の1人に表敬訪問する予定です）
- corporate rate　（ホテルなどの）法人割引料金
- distributor　販売代理店　＊an exclusive distributorといえば「特約販売店」のこと
- executive　役員、経営幹部
- fiscal year　事業年度、会計年度
- hand-carry　手で持っていく（動詞）＊宅配便で送れないものを持っていくときなどに使う
- itinerary　旅程表、旅行計画　＊発音とアクセントに注意。「アイティネラリー」
- logistics　出張時や来客時の「交通機関手配」や「宿泊先手配」のことを指す
- preferred　「会社指定の」という意味で使われる（例）All employees should fly with our preferred airline, Japan Airways.（全従業員は会社指定の航空会社である日本空輸を使うこと）
- RSVP　招待状に書く、「ご返事ください」の意味。フランス語Répondez s'il vous plaît.（=Please reply.）の略

間違いやすい動詞の使い方

　秘書がよく使う動詞の中から、間違って使われがちな動詞についてご説明します。

〈informの使い方〉

　inform（知らせる）は「inform＋人＋of＋情報や出来事」と覚えると迷いません。

　○Would you inform us of the plan as soon as possible?

× Would you inform us the plan as soon as possible?

〈introduceの使い方〉

introduce（紹介する）は目的語を1つ、それも直接目的語（「～を」）しか取ることができません。

○ May I introduce you to Mr. Johnson, Ms. Imai?（あなたをジョンソン氏にご紹介してもいいですか）
× May I introduce you Mr. Johnson, Ms. Imai?

〈recommendの使い方〉

recommend（推薦する、お勧めする）は、使用頻度が高いのに使い方がいまひとつ理解されていない動詞です。

(a) recommendは introduce同様、目的語を1つしか取れません。

○ Could you recommend a nice Japanese restaurant to me?
× Could you recommend me a nice Japanese restaurant?

(b) that節が続く場合にはthat節の中の動詞は原形になります。

○ The board members recommended that the company go public.
× The board members recommended that the company went public.

(c) 名詞句を続けることは可能ですが、to不定詞は続けられません。また、名詞句と代名詞を続ける場合も、これらを目的語として2つ並べることはできません。

○ They recommended Mr. Suzuki as a new committee member.
○ They recommended buying a new computer to me.
× They recommended me buying a new computer.
× They recommended me to buy a new computer.
＊「提案する」という意味のsuggestやproposeも同じ使い方をします。これらの動詞の用法については諸説がありますので、ここでは最も一般的な用

法とされているものを紹介しています。

〈appreciateの使い方〉
　他動詞の「感謝する」の意味で使うときは、以下の（a）〜（d）のいずれも可能です。ただし、appreciateは人を目的語として取れませんので、I appreciate you. と言うことはできません。
　（a）I would appreciate it if you could help us.
　（b）I would appreciate having your help to us.
　（c）I would appreciate you helping us.
　（d）I would appreciate your help.

　（a）については it は本当は省略できないのですが、現在では多くのネイティブが I would appreciate if you could help us. と言っているのではないかと思います。
　海外の方と話していると、Thank you. I appreciate it. とおっしゃることがよくあります。ほぼ同じ意味の文章を重ねているとはいえ、丁重に感謝の意を表していることになり、言われたほうは気分が良いのでお勧めします。
　なお、上記の「感謝する」という意味でのappreciateは他動詞ですので、必ず目的語（〜を）が必要です。これを自動詞として使いますと、「（通貨価値などが）上昇する」という意味になります。（例）These days Japanese yen has appreciated.（最近、日本円は値上がりしている＝円高となっている）。

〈tellとsay〉
　「言う」「伝える」という意味の、どちらもよく使われる基本動詞ですが、使い方を間違いやすいので気をつけましょう。
　She told me that Mr. Sato was in a meeting.（She told that 〜 は間違い）
　She said that Mr. Sato was in a meeting.（She said me that 〜 は間違い）
　＊しかし、She said to me that Mr. Sato was in a meeting. はOK。

〈to不定詞しか続かない動詞、動名詞しか続かない動詞〉

　動詞の中にはto不定詞しか続けられない、もしくは -ing形の動名詞しか続けられない動詞があります。これらはネイティブでもひとつひとつ覚えるものですので、不安に思ったら面倒でも辞書を引いて確認するようにしてください。

　・to不定詞しか続かない「3大動詞」→ decide, plan, want
　・動名詞しか続かない「3大動詞」→ enjoy, finish, consider

〈remember, forget, stopの使い方〉

　この3つの単語は to不定詞と動名詞の両方を取ることができます。ただし、意味が変わりますので注意してください。「動名詞は過去のこと、to不定詞はこれからのこと」と覚えるとわかりやすくなります。

　I remember to send the package.
　（私はその荷物を送ることを覚えている（＝これから送る））
　I remember sending the package.
　（私はその荷物を送ったことを覚えている（＝すでに送った））

　Please don't forget to send the letter.
　（手紙を出すことを忘れないでください）
　Please don't forget sending the letter.
　（手紙を出したことを忘れないでください）

　He stopped to smoke.
　（彼は煙草を吸うために（＝これから吸う）立ち止まった）
　He stopped smoking.
　（彼は煙草をやめた（＝禁煙した））

〈help ＋ 人 ＋ 原形不定詞〉

　原形不定詞とは動詞の原形がそのままto不定詞の役割を果たすものです。

原形不定詞を使う代表的な動詞としてhelpがあります。

　Could you help Ms. Tanaka type up the report?
　(田中さんがレポートを打つのを手伝ってあげてくれませんか)

　この文章は一見、動詞が2つあるように見えますが、helpが動詞で後ろのtypeは原形不定詞です。ですので、

　Could you help Ms. Tanaka type up the report?
　手伝ってあげてくれませんか　田中さんを　タイプすることを　レポートを

と、typeをto不定詞のように理解しなければなりません。
　なお、現在ではtoを入れてCould you help Ms. Tanaka to type up the report?としてもよいことになっています。ご自身で書くときにはわかりやすいほうでかまいません。

〈see / hear ＋ 人 ＋ 動詞の原形、see / hear ＋ 人 ＋ -ing〉
　seeやhearに代表される「知覚動詞」と呼ばれる動詞は、動詞の原形が続くか、-ing形が続くかで意味が変わりますので、気をつけなければなりません。

　(a) I heard my mother tell her long story.
　(b) I saw my mother reading the book when I passed in front of the living room.

　(a)は「私は母が長い話をしたのを聞いた」で、(b)は「私はリビングの前を通り過ぎたとき、母が本を読んでいるのを見た」になり、一見同じように見えます。しかし、実はこの2つの文には、以下のような違いがあるのです。

●see / hear ＋ 人 ＋ 動詞の原形
　人が何かする(＝動詞の原形)のを「最後まで」見たり聞いたりする(saw

であれば「見ていた」、heardであれば「聞いていた」という日本語が近い)。

●see / hear ＋ 人 ＋ -ing
　人が何かする (＝ -ing形) のを通りすがりに「ちらっと」見たり聞いたりする (sawであれば「見かけた」、heardであれば「耳にした」という日本語が近い)。＊つまり、(a) のように、人が動作するのを最後まで見たり聞いたりしたわけではない。

　例をもう1つ挙げておきましょう。

I saw our manager get on the train.
（私は課長が電車に乗ったのを見た）
　　＊考えられる状況＝私が駅にいて、10メートルくらい先で課長が電車を待っているところ〜電車のドアが開いて乗り込んだところ〜ドアが閉まって電車が発車したところ…を全て通しで見ていた。
I saw our manager walking along the street.
（私は課長が通りを歩いていたのを見かけた）
　　＊考えられる状況＝私が会社で仕事をしていて、偶然ちらっと外を見たら課長が通りを歩いていたのが見えた。あ、課長が歩いているな、と思いつつ、そのまま視線を戻して仕事を続けた。

　いかがでしょうか。少し難しいかもしれませんが、「**動作を最後まで見たり聞いたりしたのか (＝動詞の原形)**」、それとも「**動作をちらっと見たり聞いたりしただけなのか (＝ -ing形)**」、と考えるとすぐに使い分けができるようになります。この形はsee, hear以外にもfeelやnotice, findなどの動詞でも使われますので、よく理解しておきましょう。

第5章　秘書に関わる英文法

COLUMN 21　　　　　　　　　　　　　　　　　Tips for Secretaries

辞書　じしょ　ジショ

　私が若い頃に講習会等でお世話になったビジネス英作文の第一人者、石山輝夫先生は「とにかく辞書を引きなさい。辞書に出ていない文章を書いてはいけません」とよくおっしゃっていました。私もまったくそのとおりだと思います。英語に限らず、辞書を引かないで文章を書いてしまう方が多すぎる気がします。

　では、どういう辞書が必要なのでしょうか。英語初心者の方が英英辞典を勧められた、という話はよく聞きます。「英語を英語のままで理解するために英英辞典を使おう」と。しかし、すでに日本語を母語としている私たちが英語を使うということは、母語を通じて英語を理解するということですから、いきなり英英辞典を使うのはハードルが高いのではないでしょうか。

　特に、日本語と英語の両語で業務をこなさなければならない秘書の方であればなおのこと、日本語と英語の両方に通じる必要があります。そこで、英英辞典に投資する前に、まずは学習用の英和辞典をお求めになることをお勧めします。私が個人的に愛用しているのは『グランドセンチュリー英和辞典』（三省堂）です。見やすさや充実度でいえば、まずこの一冊を手元において動詞や名詞の確認に役立てていただければと思います。分厚い専門辞書もよいですが、まず学習英和辞典を使いこなせるようになってからの話です。各社から様々な特徴のある学習英和辞典が出ていますので、自分に合った辞典を求めてはいかがでしょうか。

　そして、学習辞書だけでは仕事をするには心もとないものです。「学習」以上の語彙が必要な秘書職としては、情報の多い大型辞典があるとよいですね。『リーダーズ英和辞典（第3版）』（研究社）は2012年秋に改訂された、なんと28万項目に及ぶ英和辞典です。私は学生のときからお世話になっている『リーダーズ』ですが、これだけの語彙が入って比較的コンパクトに使いやすくまとまっているところも気に入っています。いざというときの「安心」のためにも紙ベースできちんとしたものを一冊お持ちになることを強くお勧めします。

　和英辞典は一長一短ですが、仕事をしているときにはスピードが命とい

うこともありますので、とりあえず「英辞郎」（アルク）の利用でかまわないのではないでしょうか。「英辞郎」の良いところは、電子辞書と違い、パソコンのキーボード入力なので速く調べられることと、画面が大きくて一覧性があることです。「英辞郎 on the WEB Pro」も使わせてもらったことがありますが、とりあえず始めは「無償版」を使ってみて、使用頻度が高いようでしたら「Pro版」の購読も検討したらよいかと思います。

　ただ、正直なところ「これだけで英文が書ける」という宣伝文句は疑ってかかったほうがよいかもしれません。「英辞郎」以外では無料のWeblio (http://ejje.weblio.jp/) もあります。こちらは研究社の『新英和中辞典』『新和英中辞典』を中心に76種類の英和辞典・和英辞典、439万語の英語と490万語の日本語、合計約929万語を一度に検索できる、国内最大級のオンライン英語辞書です。とにかく語数は豊富で、何でも出てくる印象です。

　さきほど「英英辞典よりも英和辞典」と言いましたが、私は決して英英辞典反対派ではありません。個人的には英英辞典をとても活用しています。特に例文をいくつか見て、単語の使い方が正しいかどうか確認したいときにはやはり英英辞典が威力を発揮しますので、英語を書くことに慣れてきたら準備してもよいのではないでしょうか。英英辞典にもいろいろなものがありますが、私がお勧めするのは*Cambridge Advanced Learner's Dictionary*と*Longman Dictionary of Contemporary English*です。共にCD-ROMがついており、パソコンにインストールしておくと重宝します。前者は説明が簡潔でとても使いやすいフォーマットで、かつ類語辞典（thesaurus）がついています。後者は若干説明が多くて、パソコンでは見づらい気がしますが、紙の辞書のほうは使いやすく、お勧めです。

COLUMN 22   Tips for Secretaries

コロケーションとは？

　コロケーション（collocation）とは語と語のつながりや組み合わせのことです。日本語同様、英語にも可能な組み合わせとそうでない組み合わせがあり、これはもう覚えるしかありません。例えば「昨夜は強い雨だった」を英語で言うと、It rained <u>heavily</u> last night. であって、It rained <u>strongly</u> last night. とは言いません。しかしながら、「風が強かった」はThe wind was strong. です。また、動詞と名詞の組み合わせもあり、「彼は市場調査をする」はHe <u>conducts</u> market research. であって、He <u>does</u> market research. とは言いません。

　前のコラムでご紹介した *Cambridge Advanced Learner's Dictionary* はコロケーションがリストで出ており、とても使いやすいのでお勧めです。CD-ROM版をパソコンにインストールしておくと、例えば "business" のコロケーションが知りたいときには、画面上のCollocationsのボタンをクリックすれば "business" と一緒に使うことができる動詞や名詞、形容詞などがすぐにわかるようになっています。

第6章 最低限知っておくべき簿記会計知識とその用語

（1）上司の"ことば"を理解するために

　さて、これまではいわゆる「典型的な」秘書業務についてご説明をしてきました。本章は少し毛色が異なり、数字や経営と英語との関わりについて扱います。

　まず、なぜ秘書が簿記会計や経営についての知識を持つ必要があるのでしょうか。この問いに対する答えとして、5年ほど前に読んだ、とあるコーチ養成機関のニュースレターから、大変印象深い文を紹介させていただきます。

「コーチングスキルの勉強をするのは大事だけど、最も大事なことに、あまり目が向けられていないと思う。企業でコーチする人は、『企業の言葉』を話せないとダメよ」

「マネジャーがどんな課題に接しているか、日常的に直面している問題は何か、どんな知識が求められているのか。そのことについてコーチ側が知っており、それを話題にし、彼らと同じボキャブラリーを使うこと。これが最も大事」

「私がいまコーポレートコーチとして成功しているのは、20年以上にわたりマネジメントの仕事をしていたから。私の強みは、『コーポレート・ランゲージを話せる』こと。私のクライアント（企業）はそれを信用して私を雇っているの。（中略）コーチングは、相手から引き出すだけでは、その効力は十分に発揮できません。コーチとしてクライアントの領域の知識があること、そのことについて話せること、それも「同じ言葉」で話せること。これは、コーチのコア・コンピテンシー＊の1項目である、「クライア

第6章　最低限知っておくべき簿記会計知識とその用語

ントと親密な信頼関係を築く」うえで、重要な役割を果たしていることを、コーチは意識する必要があります」（後略）（「コーチ・エィ」のニュースレターより抜粋）

＊コア・コンピテンシー（core competency）：直訳すれば「中核となる競争力」。一般的に使われる日本語訳は「（個人の）業績達成力」や「成果を生みだすために発揮される能力」など。コア・コンピタンス（core competence）といえば、「（組織や企業の）競争上の強み」「他社がマネできない競争能力」のこと。

　いかがでしょうか。**秘書は秘書であると同時に「企業人」でもあります**。第1章の繰り返しになりますが、秘書としての技能のみならず企業人としての言葉を持つこと、上司や上司の周りの人々が使う言葉を理解することは、秘書にとってのクライアントである上司や同僚、関係者の人々との親密な信頼関係の構築に大きな役割を果たすということを常に意識していただきたいと思います。

　国際秘書検定（CBS）や、米国上級秘書検定（Certified Administrative Professional）では、会計と経営、法律に関する出題があることで知られています。国際秘書検定ではバイリンガルで簿記会計の基礎を理解しておく必要がありますし、後者は私が受験した1996年には、3科目のうち1科目は丸々「経営と会計」に関する試験でした（1995年までは6科目の試験で、「会計」と「経営」が独立していたと思います）。両方の試験とも、秘書の試験として歴史があり、高く評価されている試験です。出題者や運営母体が、会計や経営科目を秘書が学ぶ必要性を認識しているということでしょう。

　また、秘書職との関連性で言いますと、第1章で述べましたように、「上司に届く英文や和文の文書の概要を理解し、簡単な翻訳文を作ることができる」能力が秘書には必要とされます。これは外資系企業よりもむしろ日本企業の秘書に求められる能力ではないかと、昨今の状況を見ていて思います。つまり、**全ての秘書が、日英両言語でビジネスの「ことば」を理解する必要がある**ということです。

(2) 簿記会計の英語と基礎知識

　では、具体的に何をどこまでやればよいのでしょうか。「秘書ならここまで」という明確な線引きはありませんが、ひとつの目安としては国際秘書検定ファイナル試験の「会計」問題が解けるようになる、というのがわかりやすいかもしれません。詳細は問題集などでご覧いただければと思いますが、**「勘定科目を日英両言語で理解できる」「仕訳をして簡単な財務諸表が作れる」「基本的な財務分析を知っている」**ことが求められる出題になっています。これはいままで簿記会計をやったことがなければ覚えるのに多少時間がかかるくらいのレベルで、経験者にはそれほど難しいものでもありませんが、最低限の原理原則を日英両言語で理解できているかどうかを判定するには、最適な内容ではないかと思います。まずはこのレベルを目標に勉強してみて、興味が出てきた方は、BATIC（国際会計検定）の入門レベルであるブックキーパーレベルか、アカウンタントレベルを取得できるよう、勉強するのもよいでしょう。

◆ 秘書が学ぶ会計と簿記の基礎

1. 簿記（bookkeeping）と会計（accounting）の5つの要素

　「簿記」とは、企業で日々発生する「売ったり買ったり」に代表される取引を記録することです。これに対して「会計」とは、これらの記録をもとに、財務諸表を作成することです。

　簿記や会計には5つの要素があります。全ての企業活動は「勘定科目」と呼ばれる項目（取引に付けられるラベルとお考えください）によって分類され、この5つの要素のどれかに入ります。**5つの要素とは、Assets（資産），Liabilities（負債），Shareholder's Equity（株主資本），Revenues（収益），そしてExpenses（費用）**です。

[資産、負債、株主資本]

〈Assets: 資産〉

資産とは、**金額で計ることのできる価値のあるもの**で、いわゆる「財産」です。

資産の例 cash 現金、accounts receivable 売掛金、inventory 棚卸資産、property 土地、plant 建物、など

〈Liabilities: 負債〉

負債とは、いわゆる**「借金」**や**「支払い義務がある」**もので、他者に返さなければならないものです。

負債の例 accounts payable 買掛金、bank loan payable 銀行借入金、long-term liabilities 長期借入金、short-term liabilities 短期借入金、など

〈Shareholder's Equity, Owner's Equity: 株主資本〉

貸借対照表の右下部分、総資産から総負債を引いた額です。純資産、自己資本という呼び方をすることもあります*。ここには資本金や、企業の儲けのうち使ってしまわずに会社に留保しておく収益（retained earnings 剰余金）も含まれます。

*株主資本は「純資産 net assets」とも、「自己資本 equity」ともいわれ、かつては同義で使われていましたが、現在では評価・換算差額や新株予約権を含めるか否かなどの細かい規定が変わり、この3つはイコールではなくなっています。しかし本書は、そこまで専門的な議論をする場ではないので、ここでは「株主資本」で統一します。

まず、ここまでの3つの要素の間に重要な関係があります。「Assets = Liabilities + Shareholder's Equity」であり、これは会計等式（Accounting Equation）と呼ばれます。

会計等式の図

バランスシート

```
|  Assets  |  Liabilities         |
|          |  Shareholder's Equity|
```

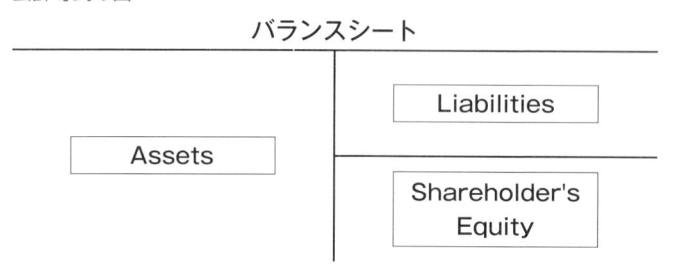

上の図のとおり、Assets（資産）を向かって左側、Liabilities（負債）とShareholder's Equity（株主資本）を向かって右側に分類して入れます。**この右と左が常にイコールになる、つまり（重さが）バランスしている**、ということで、この表のことを「バランスシート」（balance sheet 貸借対照表）といいます＊。

簿記を習った方はご存じだと思いますが、表の左側つまり「借方」をDebit、右側つまり「貸方」をCreditと呼びます。いまはこれらの言葉の意味を深く考える必要はありません。

＊詳細は「2. 損益計算書と貸借対照表」をご覧ください。

[収益、費用]

残る2つの要素について説明を続けます。

〈Revenues: 収益〉

収益とは、**企業活動をして受け取った対価（現金とは限らない）**です。

収益の例　sales 売上、interest income 受取利息（銀行に預けておいたお金に利息がついた場合など）、など

〈Expenses: 費用〉

費用とは、**収益を生むために使ったお金**のことです。

費用の例　salaries 人件費、rent 事務所賃借費、supplies 事務用消耗品費、travel 交通費、 entertainment 接待費、など

第6章　最低限知っておくべき簿記会計知識とその用語

⚠️注意！
　これまで出てきた勘定科目は、企業によってさまざまな呼び方があります。例えば、property（土地）を land とするところもありますし、salaries を payroll とすることもあります。「利益」も income, profit, surplus, earnings など、いろいろな呼び方があります。

2. 損益計算書と貸借対照表

　5つの要素についてご説明したところで、財務諸表（Financial Statements）の代表格である「損益計算書 Profit and Loss Statement (P/L)」と「貸借対照表 Balance Sheet (B/S)」について簡単にご説明します。

【損益計算書（Profit and Loss Statement）とは？】

　これは、**一事業年度（Fiscal Year）における収益から費用を引いて、いくらの利益が出たか（もしくは損失が出たか）**を一覧するものです。損益計算書にはRevenuesとExpensesの2つの要素のみが登場します。つまり、定められた1年間に行われた企業取引のうち、収益関連の勘定科目と費用関連の勘定科目をそれぞれリストアップして、上から足し算・引き算していき、どれくらいの儲け（あるいは損失）が出たかを分析するためのものです。（表1参照）

　経営陣はこれらの利益を見て（実際はもっと多くの利益段階があることが多いですが）、自社の業績を判断し、どこを改善して業績を伸ばしていくかという議論の土台にしています。

　注意すべき点は、損益計算書は「ある一定期間」の企業活動の流れ（フロー）を表すものであり、この「一定期間」のことを**事業年度（fiscal year）**と言うことです。また、企業活動の流れを表すことから、**損益計算書は「flow（流れ）」**とも言われます。

　事業年度は日本ですと、4月1日から3月31日までというところが多いですね。諸外国では、1月1日から12月31日まで（暦年）というところが大半です。

153

表1 簡易版 損益計算書の例

>   Basic English Co., Ltd.
>   Profit and Loss Statement
>   For the year ended December 31, 2012
>
>   Sales 　売上
> -)   Cost of goods sold 　売上原価
>   Gross income 　粗利益[1]
> -)   Selling, general and administrative expenses[2] 　販売費及び一般管理費
>   Operating income 　営業利益
> +/-)   Other income / loss 　その他収益（損失）
>   Income before taxes 　税引前利益
> -)   Taxes 　税
>   Net income 　純利益

[1] Gross marginとも呼ばれます。ここでのmarginとは「差額」のこと。
[2] SG & Aと略されます。「エスジーエー」と言われたら「販管費」のことです。

　利益にはいくつかの段階があります。重要ですから、最低でも4つの利益の段階（Gross → Operating → Before Taxes → Net）を覚えておきましょう。表1のいちばん下のNet incomeはBottom lineとも言い、「ボトムラインを改善する」と言えば、純利益を増やせるように（損失が出ているのであれば、利益が出せるように）する、ということです。一方、表の上部のSalesはTop lineとも言い、「トップラインを改善する」と言えば、売上を伸ばす施策をとる、ということになります。

COLUMN 23　　　　　　　　　　　　　　　　　　　　Tips for Secretaries

経常利益はどこへ？

　上記の損益計算書を見て、「経常利益」（略して、「経常（けいつね）」）はどこに行ったのだろう、と思った方は鋭いです。実は英文会計には経常利益という概念がなく、あえて言うなら税引前利益がそれに近い（営業利益に営業外損益を加味したものが経常利益ということを考えれば）とされてい

ます。もし自社の損益計算書を翻訳するにあたり、経常利益を英語にするときには、Ordinary incomeとかOrdinary profitと訳す場合が多いようです。Pretax profitやCurrent profitという呼び方もあり、特にPretax profitが実態としてはいちばん近いのかなと個人的には思いますが、上司や関連部署に指示を仰いだほうがよいでしょう。

| COLUMN 24 | Tips for Secretaries |

イービット、イービダーとは？

　この呪文は何？　と思われたかもしれませんが、いきなり言われて戸惑わないように。これらはEBIT, EBITDAの読み方で（EBITDAは「ダ」の前にかすかな「ッ」が入る感じがいちばん近い）、**Operating income（営業利益）に所定の科目以外の営業外損益を加えた利益額**です（用途に応じて計算式は複数存在します）。詳細はここでは省きますが、それぞれEarnings before interest and taxes（利息及び税前利益）、Earnings before interest, taxes, depreciation, and amortization（利息、税、及び償却前利益）の略です。

【貸借対照表（Balance Sheet）とは？】

　こちらは損益計算書（Profit and Loss Statement）とは違い、**ある決まった時点（期末など）で企業の資産や負債がどのようになっているか（ストック状況）を表すもの**です。（表2参照）

　このように、**企業のある時点における状態、つまり、どれだけ現金があり、どれだけの負債があるかなどを一覧するのが貸借対照表**です。このため、貸借対照表は企業の「健康診断書」とも言われます。**損益計算書が「期中のフロー」**であるのに対し、**貸借対照表は「期末のストック」**と言えるでしょう。

　上記2つの財務諸表はそれぞれ、簿記会計の5つの要素を集約したものと言えます。つまり、Assets, Liabilities, Shareholder's Equityは「貸借対照表」に集約され、Revenues, Expensesは「損益計算書」に集約されるということです。

表2 簡易版 貸借対照表の例

Basic English Co., Ltd. Balance Sheet as of December 31, 2012	
Cash 現金	Accounts Payable 買掛金
Accounts Receivable 売掛金	Long-term Liabilities 長期借入金
Inventory 在庫	Total Liabilities 総負債額
Land 土地	Capital 資本金
Buildings 工場	Retained Earnings 剰余金
Patent 特許	Total Shareholder's Equity 総株主資本額
Total Assets 総資産額	Total Liabilities and Equity 総負債及び株主資本額

　実際はP/Lのいちばん下に出てくるNet income（Retained earningsとほぼ同じ）はBalance Sheetにも入りますが、この説明はここでは省略します。

COLUMN 25　　　　　　　　　　　　　　　　　　　　Tips for Secretaries

英文簿記会計は面白い！

　簿記を日本語でやったことのない方はラッキーだと思います。なぜなら、「借方・貸方」で簿記を断念するケースが多いと聞いているからです。貸し？借り？どうして？？と悩んでしまう方が多いという話で、つまりは日本語の簿記会計用語は難しいのです。そうであればいっそのこと、「**左はDebit, 右はCredit**」と覚えてしまったほうがよいのではないでしょうか。

　もともと簿記のシステムは輸入されたもので、「簿記」という言葉自体がbook-keepingの音をまねて訳したものだと言われています。始まりからしてこうであれば、勘定科目をはじめ、簿記会計の用語が難しいのはやむを得ないのかもしれません。例えば「売掛・買掛」という言葉も初心者がつまずきやすいのですが、すでにご紹介したとおり、売掛金＝Accounts receivable、買掛金＝Accounts payableです。-able（＝できる）がついているのだから、receiv(e)-ableは、つまり「受け取ることができる」お

第6章 最低限知っておくべき簿記会計知識とその用語

金ということか、と言葉から理解しやすいですし、同様にpay-ableであれば、「支払うことができる」お金なので、こちらが「支払うべき」お金のことを指すのだな、と一発で覚えられるのではないでしょうか。また「売上原価」はcost of goods soldです。この言葉の意味はcost of goods that were sold（売れた商品のコスト）、つまり売れたものに関わる費用のことなのだと、英語であればすぐにわかると思います。

　それから、「減価償却費」という言葉。これは建物や高価な機材など数年にわたって使用できる資産を購入した際、その金額を何年かに分割して「一事業年度に使った分」として帳簿に載せることになっている費用です（年数は法律で決まっています。また、何を減価償却してよいかも決まっています）。つまり、「年が経つにつれて、建物や高価な機材の『価値』は減っていくので、毎年その『価値を使った』と考えて経費としましょう」という意味です。簡単な例を挙げましょう。社用車を1台、200万円で購入しました。車は1年（一事業年度）で使えなくなったり、なくなってしまったりするものではなく、数年にわたって使用することができる「資産」です。この場合、購入した年度に「社用車購入費用200万円。以上」とまとめて帳簿に載せるのではなく、毎年"分割"で計上します。車の耐用年数が法令で5年と決まっているとしましょう。このとき、購入した年度から5年かけて毎年、その社用車の"価値"を使っていくと考えます。つまり、「一事業年度で使う『自動車の価値』」を、購入価格だった200万円の5分の1である40万円と考えて5年間、この40万円を帳簿に費用として計上していくことで自動車の価値を減らしていくというわけです（＊この例は「残存価額」などを考慮していない本当に簡略化したものですので、あくまでも「概念をお伝えするための例」とお考えください）。

　価値が減っていく＝減価（原価ではありません）なのですが、ここまではよいとして、「償却」とは何か？　で、引っかかります。「焼却」と書いてしまう方もいらっしゃいます（言わんとしていることは、なんとなくわかりますが…）。このように、「減価償却費」という言葉ひとつを覚えるのにも、いろいろ考えないといけないことが多いわけです。

　さて、この減価償却費、英語でdepreciationと言います。第5章でご紹介

したappreciateの対義語はdepreciateです。「円高になる」が Japanese yen has appreciated. となるのに対して、「円安になる」は Japanese yen has depreciated. と言うことができます。つまり、通貨などの価値が下がること＝depreciationです。もうお気づきですね。金銭的価値が下がること＝depreciation（減価償却）、となるわけです。

　余談ついでに、この「減価償却費」をはじめとして、会計用語は漢字が難しいです。Salesと書けば簡単に済むところを「売上高」と画数を多く書かねばなりませんし、SGAという略語と「販管費」という略語を比べても、書くのにかかる時間の差は一目瞭然です。英語で書けば本当にラクなのに、と私は常々考えています。

　生徒さんいわく、私は英文簿記会計の授業のときにいつも興奮しているそうです（？！）。私は、簿記会計は門外漢なのですが、だからこそ、簿記会計の仕組みを「面白がることができる」のかもしれません。今回はいちばん面白いところに入る前に、涙をのんで筆を置きましたが、仕訳をしたり、転記したり、財務諸表にまとめたり、それらを分析したりという「この先」のお話が、本当に楽しくなるところですから、ぜひ学んでみていただきたいと思います。

(3) 会計及び経営に関連する用語

　会計や経営に関する用語や概念のうち、レポートなどによく出てくる入門的な用語を日本語と英語（の略語）で挙げ、簡単な説明をつけてあります。この分野は勉強していくとキリがありませんが、知れば知るほど面白くなるものです。興味のある分野だけでもかまいませんので、勉強を続けられることをお勧めします。

【よく使われる用語】
・**経営理念**　corporate vision
　企業の存在意義や使命のこと

第6章　最低限知っておくべき簿記会計知識とその用語

- 経営戦略　business strategy
  企業の中長期的な方向性や方針、計画を指す。「どこで（どの領域で）」「どうやって（どれだけの資源を使って）」企業が事業を展開するか、を定めたもの
- 定量的　quantitative
  「数値で表すことができる、客観的な」の意味
- 定性的　qualitative
  「数値では表すことができない、主観的な」の意味。定量的指標（quantitative indicators）は売上や実績値など数字で表せるもの、定性的指標（qualitative indicators）は雰囲気など、数字で表せないもの
- 概算　ballpark figure
  おおよその見積数字のこと
- 連結財務諸表　consolidated financial statements
  子会社を持つ企業（親会社）が、その子会社を含めて1個の「集団」として決算をする場合の財務諸表。なお、親会社もしくは子会社のみの財務諸表は「単体（＝単体財務諸表　individual financial statements）」と言われることが多い
- ベンチマーキング　benchmarking
  業務効率化のため、他社の優れた事例に学ぶこと。なお、この他社の優れた事例を「ベストプラクティス（Best Practice）」と呼ぶ
- 有価証券報告書　Annual Report
  企業が作成する業績や事業内容の開示資料。当該企業のホームページやEDINETで見ることができる。http://info.edinet-fsa.go.jp/
- 会社四季報　Company Handbook
  上場企業や未上場企業のデータブック。年4回、東洋経済新報社から出版されている。なお、英語版としてJapan Company Handbookも出ている
- マーケティングの4P　Product, Price, Place, Promotion
  製品、価格、流通、プロモーションをまとめてこのように呼ぶ。これら4つの要素をどのように組み合わせて企業目標を達成するかが肝要
- キャッシュフロー　Cash flow

159

企業に入ってきたり、企業から出て行ったりする現金の額。損益計算書に現れる利益とは別のもの
- **有利子負債　interest-bearing liabilities**
支払利息が発生する負債のこと。一般的には銀行借入金（Bank loan payable）、社債（bond）など。買掛金や未払金には利息がかからないので、これらは有利子負債にはならない
- **インセンティブ　incentive**
やる気を促すための動機づけ。ボーナスなどの金銭的なものや表彰などを指す
- **デューデリジェンス　Due diligence**
「デューデリ」もしくは「デューディリ」とも呼ばれる。特に企業買収に先立って、買収対象企業の価値やリスクを査定すること

【よく使われる英語の略語】
- **BEP　損益分岐点**
Break Even Point の略
利益がプラスマイナスゼロとなる売上高のこと
- **BtoB**
Business to Business の略
企業から企業へ販売する、いわゆる「法人相手のビジネス」
- **BtoC**
Business to Consumer の略
小売店のように、企業から個人消費者に販売する取引形態。いわゆる「個人相手のビジネス」
- **IFRS　（読み方は「アイファス」が一般的）**
国際財務報告基準　International Financial Reporting Standards の略。
今後、会計報告のグローバルな基準として使われる予定。今後の動向が注目される
- **IPO　新規株式公開**
Initial Public Offering の略

第6章 最低限知っておくべき簿記会計知識とその用語

これまで少数の特定株主だけで保有していた株式を広く一般の投資家にも公開すること

- **Form 10-K（読み方は「フォーム・テンケー」）**

  米国における「有価証券報告書」に当たるもの。「テンケー」と言われたら、これのこと。Edgarというシステムで探すことができる

  http://www.sec.gov/edgar/searchedgar/companysearch.html

- **IB　投資銀行**

  Investment Bankの略

  企業買収などの仲介や、株式・債券など有価証券の売買を行うことを主要業務とする

- **KPI　重要業績評価指標**

  Key Performance Indicatorsの略

  企業の目標実行度合いを定量的に測るのに特にキーとなる指標のこと

- **KSF　成功要因**

  Key Success Factorsの略

- **NDA　秘密保持契約**

  Non-Disclosure Agreementの略

  各社ごとに決まった書式があることが多い

- **PDCA　マネジメントシステム（俗称）**

  Plan-Do-Check-Actionの略

  Plan：戦略、計画、目標／Do：実施、運用、記録／Check：監視、点検、評価／Action：改善、見直し、フィードバック。これらの項目をサイクルとして回すこと。品質管理の実践手順

- **PE　プライベート・エクイティ・ファンド**

  プライベート・エクイティ（Private Equity）ファンドの略称で、「PE」とだけ言うことが多い。複数の投資家から集めたお金を企業に対して投資し、同時にその投資対象企業の経営に深く関与して企業再生の支援をし、企業価値を高めた後にIPOや売却を行う投資ファンドのことを指す

- **PER　株価収益率**

  Price Earnings Ratioの略

株価が業績に比して高いのか安いのかを判断する。株価÷一株あたりの利益。「ピー・イー・アール」と読むのが一般的。

・ROA　総資産利益率

Return on Assets の略

企業の収益性を測る指標として多く使われている。当期純利益÷総資産。負債を含めた総資産をどれだけ効率的に活用して利益を生み出しているかを判断する

・ROE　自己資本利益率

Return on Equity の略

これも企業の収益性（profitability）を測る指標である。当期純利益÷自己資本（株主が提供した資本）。株主の投資がどの程度の利益を生み出したかを判断する

・YTD

Year to date の略

「会計年度の初めから今日現在まで」の累計を指すことが多い。

例えば、4月1日から3月31日までが会計年度（事業年度）の会社で、本日が8月31日としたら、YTD salesといえば4月1日から8月末までの売上累計のこと。

COLUMN 26　　　　　　　　　　　　　　　　Tips for Secretaries

「中経」とは？

「中経（ちゅうけい）」という言葉を聞いたことがある方も多いのではないかと思います。これは、「中期経営計画」の略で、英語ではmid-term business planと言います。内容例としては、概要（Overview）から企業の現状（Current situation）、課題（Issues）、目標（Targets）、アクションプラン（Action plan）、財務諸表（Financial Statements）などが含まれます。財務諸表としては、Cash flow forecast（キャッシュフロー予測）とProfit and loss forecast（損益予測）を掲載することが多いようです。また、自社分析（Internal analysis）や市場分析（Market analysis）を

含むケースが大半のようです。この「中経」は経営陣にとって大変重要な計画であることを、秘書として認識しておく必要があります。

第7章　キャリアアップのための英文履歴書

(1) 英文履歴書とは、自らの「棚卸し」

　本章は、これまでと少し毛色が違う内容です。「転職をする予定もないのに、なぜ履歴書？」と思われた方もおいででしょう。今までそんなこと考えたこともない、という方も読み飛ばさず、ぜひ目を通していただきたいと思います。

　履歴書のことを英語で「レジュメ（résumé）」と言います。日本に比して労働流動性が高い米国ではレジュメを書く必要性がある労働者が多く、求職者のためにレジュメを準備する専門職（résumé writer）がいて、業界団体も複数存在し、団体独自の認定試験もいくつかあります（私自身も Certified Professional Résumé Writer（履歴書作成の仕事をする専門職）という資格を、業界団体の1つである Professional Association of Résumé Writers and Career Coaches から認定されて所持しています）。マーケティングやコミュニケーション論を基にしたレジュメライティング理論も研究が進み、書き方のガイドラインらしきものも存在しています。

　これまでに、私は10回近く職場を変わり、そのたびに履歴書を書いてきました。始めのうちは方向性も定まらず、これでいいのかと思いながら書いていましたが、要領をつかめるようになった頃、「英文履歴書の作成というのは面白いな、**自分のこれまでのキャリアを俯瞰して見られる**のだから」と思うようになりました。

　今回、どうしてこの話をすることにしたかといいますと、履歴書を書くことによって得られる"効用"をお伝えし、英文履歴書作成のハードルを下げ、読んでくださっている皆さんに「英文履歴書作成にチャレンジしてみよう」と、ぜひ思っていただきたいからなのです。

第7章　キャリアアップのための英文履歴書

履歴書を書くことによって得られる"効用"
- 英文履歴書というのは「和文の職務経歴書と自己アピールのためのコピーライティングが合体したもの」で、自分という商品を最適な職場に売るためのツールです。そのため、英文履歴書を作ることで、**自分がこれまで何をしてきたかをまとめ、見直し、今後の対策（強みは何か、付け加えていくべき技能や経験は何か、など）を立てるための叩き台**にすることができます。
- 英文履歴書は自分の強みを打ち出すべく、power verbs（強い動詞。active verbsとも呼ばれます。169ページの（4）を参照）を使って書いていくため、**強い動詞のストックが増え、力強い英語を書くための貴重な財産を築く**ことができます。
- 自分のaccomplishments（達成したこと、やってきたこと）を列記するため、「これだけのことを成し遂げてきたのだなぁ」と**前向きな気持ち**になれます。
- 履歴書、それも英文の履歴書は、作成にそれなりの時間とエネルギーが必要です。「いざ」というときに取りかかり、ゼロから作成するのは大変です。**時間にも気持ちにも余裕があるときに作ってしまうほうがよい**です。

いかがでしょうか。ご自身の「棚卸し」と思い、英文履歴書を作ってみませんか。

(2) 英文履歴書にまつわる「7つの伝説」

しかしながら、昨今は諸般の事情で"転職活動用"の履歴書（特に英文履歴書）を準備しなければならないこともあるでしょう。その場合は「棚卸しのため」という理由だけではなく、企業に提出する本式の履歴書を準備することになります。そこで、そういうときに備えて、「英文履歴書にまつわる『7つの伝説』」と題して、英文履歴書を作成するコツをお教えしましょう。

1.「英文履歴書は和文履歴書の翻訳である」
いいえ。和文の履歴書と同じ部分もありますが、**英文履歴書では誕生日を**

書きません。未婚・既婚（配偶者の有無）や扶養者の有無も記載しません。写真も原則として貼りません。これらは欧米での人事慣習とお考えいただければよいと思います。

　その代わり、ご自身のできることや成果を中心に大きく取り上げるのが英文履歴書です。私はレジュメライターとして、これまで数十名に上る日本人ビジネスパーソンの履歴書の見直しや作成などをさせていただいてきましたが、皆さんが作られた原本をお預かりした感想は「奥ゆかしすぎ、遠慮しすぎ」です。もっとご自身の強みを全面的に打ち出し、アピールしてください。

2.「時系列に職歴を並べ、各ポジションでの業務内容を、順を追って述べていくこと。詳細は面接で説明すればよいので省く」

　いいえ。場合によっては時系列ではなく、職能別のほうがよい場合もあります。今回は時系列のフォーマットをご紹介しますが、例えば、転職歴も社内異動歴もない方の場合、もしくはその逆で転職回数がとても多い方の場合、その方が「できること」をカテゴリー別にまとめて掲示し、社名（もしくは異動した部署名）をその下に並べる、という職能別のフォーマットを使うこともあります。このほうが見た目が良い場合もあるのです。「履歴書は見た目が9割」です！　また、業務内容についても、動詞（169〜171ページ参照）を駆使して列記し、説明するのが英文履歴書の特徴です。

3.「学歴は小学校卒業から書くこと」

　いいえ。和文の履歴書サンプルは小学校卒業から書いてありますが、職務経歴書も兼ねている**英文履歴書は原則として最終学歴で十分**です。もし最終学歴が大学院以上の方の場合は、大学学部から書いてください。

4.「英文履歴書には"Reference Upon Request"の一文をつけること」

　英文履歴書の最後にReference Upon Requestなどと書いてあるサンプルが多いのですが、最近はこの形式的な一文はなくなる傾向にあります。もちろん、スペースの問題で下が大きく空いてしまったら、入れても一向にかまい

ません。問題は「この"Reference …"の一文を入れるために、他に書くべき内容を削る」ことです。これは決してやってはいけません。

5.「英文履歴書は簡潔に1枚でまとめること」

1枚にまとまれば、それに越したことはありませんが、職務内容や資格などが多くて、どうしても1枚に収まらない場合、見た目を犠牲にして1枚に無理やり入れるよりは2ページ目まで作成してください。その際、ヘッダーやフッターなどにページ数を入れることと、2ページ目がたった2〜3行で終わることにはならないようにしましょう。最低でも3分の1くらいはスペースを使うかな、と思ったら遠慮なく2ページ目までお使いください。**間違っても、「1枚に収める」ために、アピールできる資格や受講した研修などを削らないように！**

6.「面接のときに興味を持ってもらえるように、趣味や特技についても記載をする」

いいえ。和文履歴書にある「趣味・特技」欄は英文履歴書にはありません。その趣味や特技が仕事に直結する、もしくは役に立つようなケースを除いて、**プライベートに関わることを書くことはありません。**

7.「英文履歴書はネイティブに書いてもらうのがいちばんよい」

これは微妙な問題です。ネイティブスピーカーはもちろん、間違いのない英語を書くことができるでしょう。ただ、すべてのネイティブスピーカーが英文履歴書のルールや見せ方を知っているかというと、そうではないと思います。もしネイティブにお願いするときには、英文履歴書に通暁している方に依頼することをお勧めします。

(3) 英文履歴書の仕組み

難しそうにみえますが、カバーすべき内容は決まっていますので、その要素さえきちんと含まれていれば、書式は自由です。ご参考までに、私がレジュ

メライターとして何度か使ったことがある書式を使ってご説明します。以下の番号①〜⑥は172ページ及び173ページの書式例と対応しています。

① **姓名**
少し大きめのフォントで、目立つように。
② **連絡先**
電話番号や住所、eメールアドレス、携帯電話番号など。
③ **特質**
英文履歴書の最大の特徴かもしれません。職歴の前にこれを入れて「自分は何者で、何ができるか」を読み手が一覧できるようにリスト化します。**自分が最も得意とすることは何か、これまで褒められたり、感謝されたり、高く評価されてきたことは何か**を考え、遠慮せずに多少おおげさでもかまわないので、ここに入れてください。第一印象が大事なのは履歴書も同じ。**言った者勝ち、書いた者勝ち**です！
④ **職歴**
会社名より先に職務名（secretary, receptionistなど）を書くのが一般的です。ただ、「会社名のアピール力が強い」と思われる場合は、この限りではありません。気をつけることは、新しい事項から時をさかのぼって順番に書いていくことです。また、**可能な限り、動詞で文章を始める**ようにしてください。主語（I）は要りません。ちなみに、現職でも動詞を過去形で書くのが一般的ですが、現職の部分だけはあえて現在形で書くレジュメライターもいます。どちらでもかまわないと思います。
⑤ **取得資格**
業務上有用と思われる資格を列記します。秘書関連やパソコン関連、語学関連など。もちろん運転免許証を加えてもかまいません。
⑥ **学歴及び受講した研修など**
「学んだこと」はここにまとめます。大学の学部以上を卒業した方は学位も忘れずに。受講した研修も遠慮せずにここに書いてください。

(4) Power Verbs（強い動詞）

　先に書きましたとおり、英文履歴書は可能な限り、文章を動詞で始めます。必然的に読み手は、まず動詞を目にすることになるため、**読み手に印象づける「強い動詞」**をいかに使うかが戦略の1つとなります。

　power verbsは数多くありますが、秘書が使うのに良さそうなものを挙げてみました。現在形で動詞を挙げ、例文は過去形にしています。

aid　手伝う
　Aided in major software upgrade
arrange　手配する
　Arranged business trips for managers
collaborate　協力する
　Collaborated with project team members
communicate　配信する
　Communicated news to branch offices
coordinate　調整する
　Coordinated with team members
create　作成する
　Created office procedures
draft　下書きを作る
　Drafted various kinds of correspondence
establish　定める
　Established internal working rules
greet　迎える
　Greeted customers
handle　処理する
　Handled phone calls
inform　知らせる
　Informed staffers of upcoming events

learn　学ぶ
　　Learned new software through independent study
maintain　管理する、維持する
　　Maintained office supplies
manage　管理する
　　Managed department budget
order　発注する
　　Ordered office supplies
organize　催しなどを準備する
　　Organized company luncheon meetings
prepare　用意する
　　Prepared monthly business reports
prioritize　優先順位をつける
　　Prioritized tasks for supervisor
provide　提供する
　　Provided visitors with logistics support
record　記録する
　　Recorded sales data
reorganize　改変する、再編する
　　Reorganized office layout
reply　回答する
　　Replied to inquiries
revise　見直す
　　Revised office communication material
route　転送する
　　Routed phone calls
schedule　予定を入れる
　　Scheduled meetings
suggest　提案する
　　Suggested methods for improvement

support　助ける

　Supported management team

type　タイプする

　Typed correspondence, memo, and proposals

translate　翻訳する

　Translated emails into English

write　書く

　Wrote MS Word instruction manual

　英文履歴書の作成にはまだまだ多くの「コツ」が隠されていますが、本書では概要の紹介にとどめました。また、実際に履歴書を送る際にはカバーレター（cover letter）と呼ばれる手紙を必ず添えることになっています。今回はそこまで解説はいたしませんが、必要な方は巻末の参考文献のページもご参照ください。

[英文履歴書の書式例]

① 姓名

② **連絡先**(電話番号、eメールアドレス、住所など)

③ **特質**(自身の職能について、特に言及したいこと、アピールポイント)

- 箇条書きにする
- 遠慮せず、「少しおおげさかな」と思うくらいアピールすること
- 最低3項目くらいは書きましょう!

④ **職歴**

職務名(秘書、営業アシスタント、受付など)

会社名 在籍年月

- xxxx(業務内容の列記。動詞で始める)
- xxxx
- xxxx.

＊転職や社内異動がある場合には、現在に最も近い職務からさかのぼって書く

⑤ **取得資格**

取得した資格と、合格もしくは取得した年を明記する

⑥ **学歴及び受講した研修など**

卒業大学と取得学位 在籍年度

資格取得の勉強など (受講した時期を明記)

第7章　キャリアアップのための英文履歴書

[Sample]

① Kaori Sato

② Tel/fax: 03-5544-1233 Cell: 090-4567-3455 Email: kaorisato@sear.fde.co.jp
Room 345, 4-9-8 Ebisu, Shibuya-ku Tokyo JAPAN

③ SUMMARY OF QUALIFICATIONS

- ◆ 7 years of office support experience in diversified environments.
- ◆ Excellent secretarial skill including scheduling and meeting arrangements.
- ◆ Strong background in all aspects of executive support.
- ◆ Outstanding computer knowledge: MS Office 2010 suite.
- ◆ Efficient and good natured; self-starter and willing to learn.

④ EMPLOYMENT HISTORY

Executive Assistant to Executive Vice President
ABC Trading Co., Ltd.   2008.4-present

- Supported busy executive to help him achieve management targets.
- Coordinated with more than 10 management officers to organize board meetings.
- Drafted PowerPoint presentations from scratch on various kinds of topics for business meetings with MS PowerPoint 2010.
- Handled telephone calls and visitors, on average 10 per day.
- Responsible for maintaining client database with MS Access 2010.
- Managed multiple priorities and projects on a timely basis.

Receptionist and Administrative Staff
Global Transmitter K.K.   2006.4 -2008.3

- Greeted visitors and handled them in a professional manner.
- Updated client database using MS Access 2003 and 2007.
- Answered, directed, and routed busy telephone calls.
- Opened and routed mails to appropriate departments within the company.
- Ordered office supplies and checked inventory.

⑤ CERTIFICATES

Microsoft Office Specialist, PowerPoint 2010	2011
Secretarial Skill Proficiency Test, Pre-1st Grade	2010
TOEIC 730	2008

⑥ EDUCATION and PROFESSIONAL TRAINING

Torin University, Tokyo Japan – Bachelor of Arts in English Literature	2002-2006

TRAINING

Asia Global Company – Attended secretarial seminar	2011
International PC School – Attended MS Office intensive course	2008

173

第8章 さらなるステップへ

　これまでいろいろなお話をさせていただきました。まだまだお伝えしたいことはたくさんありますが、そろそろ最終章へ入りたいと思います。ここまで読んでくださった皆さんへんのエールとして、「何をどのように勉強していけばよいか」をお話しします。

(1) 語学の学習法

私自身の体験談

　私は中学校1年生のときに英語を始めました。生まれたのは長崎県で、両親とも「普通の」日本人で、英語はほとんどできません。英語を使っている親戚や知り合いが周りにいるわけでもありませんでした。生後すぐに東京郊外に引っ越してきましたが、当時は英語を習うということが現在のように一般的ではなく、英語の知育教材で遊んだということもありませんし、他の習い事はいろいろさせてもらったものの、英語はその中には入っていませんでした。

　神奈川県に引っ越したあと、地域の公立中学校に入学する直前の春休みに、NHK（ラジオ）の語学番組「基礎英語」のことを知りました。当時1か月130円のテキストで英語を勉強できるのであればやってみようと思い、早速本屋でテキストを買い、講座が始まるのを楽しみにしていました。初日に聞いた、"Hello, John." の響きは今でも忘れることができません。生まれて初めて聞いた、「ホンモノの英語」の音が面白くて、当時1日3回の放送をほぼ毎回聞いていました。この英語番組は2年目の「続・基礎英語」まで聞き通し、英語の基盤づくりにとても役立ちました。当時はNHK以外にも、文化放送で「百万人の英語」というプログラムもあり、こちらはかなり難しかったものの、ニュース英語や発音、会話表現など、毎日違ったプログラムが展開さ

第8章　さらなるステップへ

れ、大変面白かったものです。

中学1年の半ばくらいから、自宅そばの小さな個人塾へ通い始めました。日本人の先生が1人で、10名ほどを教える普通の塾です。そこでの英語の授業は毎回必ず、**「教科書の暗唱と暗記チェック」** で始まりました。教科書の1課分を先生や皆の前で暗唱し、それが終わると暗唱した内容を何も見ずに紙に書き、和訳をつけて提出するのです。1年生の頃は簡単にできたものの、3年生の教科書ともなると長さも相当ありますし、内容も高度になってきます。しかし、「やって当たり前」という塾の方針で毎週2回、この暗唱と暗記チェックを3年間続けた結果、中学3年生のときに、英検3級に合格しました（ちなみに、その塾の同級生たちは超有名私立女子高校に合格していました）。

公立高校に進学した際、偶然にも「英文法」の授業があるクラスに振り分けられました（理由はわかりませんが、この「英文法」がないクラスもあったのです）。これがまた、定年間近のおじいさん先生が担当で（I先生というお名前を今でもよく覚えています！）、授業は解説がほとんどついていない教科書を淡々と読み進めるだけ。クラスの大半が寝ていました。なのに、試験は本当に難しく、赤点を取るわけにもいかないので勉強せざるを得ず、当時はI先生を恨みましたが、今では本当に感謝しています。あの授業（試験）のおかげで仮定法も分詞構文もできるようになった、いや、ならざるを得なかったのですから。

私は当時、音楽関連の専門学校に進むつもりでしたので、勉強はほとんどしない毎日でした（当然成績も悪く、5段階評価で2か3ばかりでした）。しかし、高校2年の12月になって、諸般の事情から一大決心をして大学進学を志すことになったのです。両親からは「浪人はさせない」と言い渡されていました。そうなると、中学時代から好きだった英語を強みとできる大学を選ぶことで合格するしかありません。

まず親に頼んで買ってもらったのが「同時通訳式 長文読解講座」（SIM）という教材でした。15巻くらいのカセットテープとテキストがセットになっていて、「返り読みをせずに英文をそのまま、前から順番に読んでいく」という方法論を身につけるための教材でした。こんなの役に立つのかな？ と思いつつ、時間がなかった私としては、とにかくやってみるしかなく、解説書に

あった事項を守り、「**毎日必ず最低30分は1つの課を繰り返し、もう分かったと思っても何度も音読をする**こと。それも、『英文を意味のかたまりごとに区切って』『区切りのところで意味を考えて』『決して後戻り・返り読みをしないで』『整った日本語にせずに、意味だけを頭に残して』音読する」練習をやりました。毎日欠かさず30分、多いときには1時間の音読を続けた結果、3か月くらいから変化が現れ始めました。英語の長文を読むのにストレスが少なくなり、次々と読み進むことができるようになったのです。**意味を考えながらの音読と繰り返しの威力**を実感しました。それだけでなく、この講座が教えている「**英語を、その言語構造はそのままに、日本語で理解する**」やり方が、純日本人の私の思考にハマったとも言えます。先に書きましたとおり、私は海外経験ゼロで、英語は学習して身につけた第2言語です。だからこそ、日本語を介して英語を理解するのが自然であり、この習慣は後々翻訳や通訳の仕事をするにも役立つことになりました。

　文法はI先生のおかげでそれほど苦労しなかったため、文法の発展編としての「英文精読」にいそしみました。英文精読も、「英語習得のためには、通らなければならない通り道」であり、**文の構造を考えながら、「きっちりわかるまで」**考えたことがその後、複雑な文章を読んだり書いたりするときに役立ちました。たとえ**単語を知らなくても、「構造を考えれば、ここはこうなるはず」という推測ができる**ようになると、英文を読むのも速くなります。

　それから、やったことといえば熟語や句動詞を覚えること。駿台文庫の『英文法頻出問題演習』(いわゆる「英頻」)、この本は確か6回は繰り返した記憶があります。**熟語や句動詞は、受験時よりむしろ卒業した後にビジネス英語で使うことのほうが多く**、現在に至るまでずっと役に立っています。

　大学入試は1年間の準備で何とか乗り切りました。これはおそらく、暗唱と暗記の効果で**中学英語が身についていた**こと、I先生の厳しい試験のおかげで高校の英文法もだいたい理解できていたため、**英語のルールに則った読解ができた**こと、**長文を正しく速読できる**ようになっていたことが、3大要因ではないかと思います。

　大学時代は授業が厳しく、相当鍛えられました。私が卒業した大学は、学科専攻に関わらず、1年生の大半の時間は英語の授業に費やされていました。

英語での講義や作文、速読、発音矯正、その他いろいろな授業がありましたが、この原稿を書きながら、そういえば大学時代にも基本的な繰り返しや短文暗唱の授業（drill practice）があったなぁ、とふと思い出しました。**英語の反射神経を養うための短文暗唱**は、当時はそのありがたさがわからなかったものの、今になって思えば、大変有用なメソッドだったのだと思います。

さて、大学を卒業して2年ほど経った頃、秘書への転職を目指して外資系秘書養成のための全日制学校に3か月通いました。1990年代始めのことです。当時はこういう学校がいくつかありました。授業は英文速記、英文タイプ、英文レター、英会話、コンピュータ（なんと、Lotus 1-2-3でした――ご存じの方はいらっしゃいますか？）、秘書実務（ファイリングルールや旅程表作り）など、バラエティに富んだもので、ここで学んだことはその後の秘書としてのキャリアでずっと役立ち、私の基盤となりました。中でも、**ビジネス英語のルール、特にパンクチュエーションを叩き込まれた**おかげで、米国公認秘書資格（CPS、現在はCAP）を受験するときに一からやらずに済んでいます。

この学校の開講式のときに、スクールディレクターの女性が「皆さん、ここの学費が高いと思っていらっしゃるでしょうけれど、ここで学んだことで一生食べていけることは保証します。その投資効果を考えれば安すぎるくらいよ」といった趣旨のことを言っていたのを、20年経った今でもよく覚えています。全くその通りでした。

1992年秋に秘書としてのキャリアをスタートし、何人もの上司や先輩、同僚と仕事をしてきて、これまで勉強してきたことと仕事の中で身につけたこと、失敗したこと、教えていただいたことなどが相俟って、私の財産となっていることをいま実感しています。

語学の勉強法

これまで私の話を長々とさせていただきましたが、この中にちりばめた「体験的語学の勉強法」を以下にまとめてご紹介したいと思います。

① 毎日決まったことを続けること
② 音読をすること
③ 音声に合わせて声に出して読むこと
④ 簡単な文章を声に出して暗唱すること
⑤ 文法は必須と割り切って勉強すること

① **毎日決まったことを続けること**

　これができたら苦労しない…。そのとおりで、よくわかります。しかしながら、**語学は本当に一朝一夕ではできません**。残念ながら「10日間でペラペラ」「1か月でスラスラ」「3か月で…」はない、と思ってください。

　もちろん、それぞれの方に事情があるでしょうし、ゴール（語学で何をやるか、あるいは、やらねばならないか）によっても費やす時間やエネルギーは変わってくるでしょう。しかし、できれば毎日、最低でも週に3回は**集中して語学に向き合う時間**をとってみてください。まずは半年、さらに1年と、「続けると変わってくる」のを実感できると思います。

② **音読をすること**

　現在、生徒さんがた全員にお願いしているのが「音読」です。とにかく毎日30回は声に出して読むこと。どうしても声に出して読めない場合は、声帯が動いているのが感じられればよいので、ささやき声か口の中で話すようにしてでも音読すること。率直に申し上げて、皆さんは音読の回数が少な過ぎです。単調で退屈で、つまらないとは思いますが、語学の勉強というのは、原理原則を理解したあとは反復練習が物を言う部分が大きいのです。**トレーニングとは単調で退屈で、つまらないものと割り切ってやる**のが実はいちばんの近道だと私は思います。

③ **音声に合わせて声に出して読むこと**

　私自身もこれは現在に至るまで、毎日欠かさず続けています。いわゆる、シャドーイングですが、シャドーイングはテキストを見ないでやるのに対し、まずはテキストを見ながら音声と一緒に声を出すのを専門用語では「オー

バーラッピング」と言うそうです。始めはテキストを見ないと難しいと思いますので、シャドーイングにこだわらず、まずはテキストを見ながら一緒に声を出す「オーバーラッピング」から始めてください。やり方のコツは「イヤフォンかヘッドフォンを片方の耳にだけつける」ことです。集中して音を聞き、かつ自分の声が分離して聞こえるようにするためです。

　気をつけなくてはならないことは、「聞き流し」は時間の無駄であるということ。始めのうちはわからなければ早々に降参して、音声を書き起こしたテキストを確認して単語の意味を調べ、内容を理解した上で何度も聞き、一緒にしゃべること、そして時間を決めて、集中してやることが肝要だと思います。何時間でも聞き流しているのはBGMとして考えればよいのですが、それはあくまでも「BGM」です。

④ 簡単な文章を声に出して暗唱すること

　これもどうしても外せません。使う教材は「できるだけ単純な英語を使っているもの」がよく、英語自体がシンプルでわかりやすいものをお勧めします。「瞬間英作文用」と銘打たれている書籍を購入してもよいですし、中学生用の簡単な問題集を使ってもよいと思います。例えば、『中1英語をひとつひとつわかりやすく。』（学研教育出版。シリーズもので『中2英語を…』『中3英語を…』もあります）には音声CDがついており、全ての例文が録音されています。この本を使うと、文法の復習プラス「瞬間英作文」が一冊でできてしまいます。

〈やり方〉
1) まずは問題を別紙にやってみる（本に書き込んでしまうと、3)の練習ができなくなってしまうので）。
2) 答え合わせをしてから、音声CDを聞きながらオーバーラッピングする。
3) 日本語を見て瞬間的に英語が出てくるようになるまで、繰り返し練習する。

　この本の良いところは、難しい単語が問題文の下に小さく書いてあるところです。やってみるとわかるのですが、ひとつの単語がわからないとそこで

つまずいてしまい、必要以上に時間がかかり、ついついこのトレーニングを投げ出してしまいそうになります。単語は"カンニング"すればいい、覚えられたらラッキー、くらいのつもりでやったほうが長続きします。

　この**瞬間英作文は「考えたらダメ」**なトレーニングです。文字通り、日本語を見た瞬間に英語が出てくるようになるまで練習を続けることです。

⑤ 文法は必須と割り切って勉強すること

　文法は必要です。つまらないと思われる方も多いでしょうが、絶対に必要です。そして、やらなければできるようにはなりません。特に、秘書職に就いている方はより良い英語を使えるようになるためにも、文法知識を深めるよう、日々努力する必要があります。

　勉強法としては、急がば回れで**「本当に中学生用に書かれたもの」**から入ることをお勧めします。例えば、先ほどご紹介した『中1英語をひとつひとつわかりやすく。』のシリーズなどもよいでしょう。その際、大人向けに作られた中学英文法教材（「○○時間でわかる中学英文法」のようなもの）はお勧めしません。私も仕事柄、いろいろな教材を見てみましたが、「中学英語のまとめ」のように一冊にまとめられているものは大切なところがかなりはしょられている印象です。

　学年別に分かれた本が終わったら、次は高校受験用の薄い問題集をやってみると、違う角度から考えることができるのでよいと思います。いくら良い本だからといって、いきなり「マーフィーの英文法」シリーズ（世界でいちばん売れている文法書だそうです。いくつかのレベルに分かれています。名著です）に取り組んだとしても、結局わからなくてユニット10くらいで投げ出してしまうことになりかねません（実際、ユニット10くらいから急に難しくなります）。ですので、本当に大切な中学英文法に自信がついてから、高校英文法や定評のある英文法の教材に進むとよいのではと思います。

　ちなみに、私は文法オタクで文法は大好きです（ここまで読んでくださった方はお気づきかもしれませんね）。生徒さんにも文法好きな方が何名かいるのですが、伺ってみると「文法は論理的に説明がつくから好き」「着実に積み上げれば、わかるようになるから好き」とのこと。食わず嫌いをせず、

取り組んでみませんか。英語がラクになることを実感できると思います。

お読みになって「なんだ、目新しいことは何もない」とがっかりした方がおいでかもしれません。残念ながらそのとおりで、目の前にあることをやっていくのが結局いちばんの近道です。**少しずつでも進んでいけば、ちゃんとゴールにたどり着くようにできていますから**、頑張っていただきたいと思います。

COLUMN 27　　　　　　　　　　　　　　　　　　　　　Tips for Secretaries

単語を覚える

　英語といえば単語、と連想する方は多いと思います。私自身があまり単語量がなく、大学受験のときも単語帳を1冊やっとの思いで終わらせただけで、その後受けた英検1級の試験でも苦労したので、この分野に関してお話しできることがあまりありません。しかし、2つだけ、申し上げるとすれば、1) ある程度の単語量は絶対に必要、2) 単語を耳から聞いて覚えるというのは難しいのではないか、ということです。

　1) については、やはり持っている単語量があればあるほど、英語の運用は当然のことながらラクになります。でも、単語集を1ページ目から順番に覚えるのは相当大変ですし、あまり面白い作業でもないので続かない方が多いのではないでしょうか。そこで、まずは音読や短文暗記をする過程で、それらの文章に出てきた単語を覚えるなどして積み上げていき、その学習が半年くらい続いたところで、自分が気に入った単語集を1冊選んで徹底的に覚えていく、という方法がよいのではないかと考えています。

　2) について、その理由は、英語は音と綴りが必ずしも一致していませんので、耳から入ってきただけでは単語の"字のかたち"がイメージしにくく、覚えにくいのではないかと思うのです。もしこの「耳から聞いて覚える」方法を採るのであれば、単語帳や単語リストを傍らに置いておき、聞きながらスペリング（綴り）も確認していくことをお勧めします。

COLUMN 28 　　　　　　　　　　　　　　　　　　Tips for Secretaries

単語をスペリングで覚える

　生徒のひとりである中学1年生のK君、勉強が嫌いで毎回の授業でも鉛筆を持つまでに時間がかかるのですが、英単語の暗記はよくできます。2012年度から中学校の英語教科書は単語数が格段に増えました。1年生でこれだけの単語を覚えるのか…子供たちが気の毒だな、と思うくらいですが、彼は全問正解しないまでも、例えば「木曜日」はTh...rsday？　くらいの類推はできます。

　彼の特技は「見て覚える」こと。紙に書いて覚えるということはせず、字を形で覚えるのが得意です。そして、単語を分解して、すべてスペリングで覚えています。例えば、teacherであれば「ティー・イー・エイ・シー・エイチ・イー・アール」というふうにです。しばらく前に習った単語でも、「enough...ああ、イー・エヌ・オー・ユー・ジー・エイチ」と必ずスペリングで言うのが習慣です。

　「紙に書かない」のはお勧めできませんが（私は書いたほうが覚えやすいと思います）、この「単語をスペリングで覚える」のはお勧めです。まず、スペリングを言いながら紙に書いていきます。このとき必ず、声を出して書くことです。よく、「発音しながら単語は練習すること」と言われますが、実際問題としてスペリングを覚えないと、リーディングにもライティングにも使えません。曜日名で言えば、WednesdayやThursdayは鬼門のようですから、w-e-d-n-e-s…と調子よく言えるようになるまで練習することです。このようにしてスペリングで覚えると、使いたいときに思い出しやすくなります。

　社会人の方の場合は「キーボードで覚える」こともお勧めします。eメールや手紙をパソコンで打つときに、キーボードの配列で単語のスペリングを覚えてしまうというわけです。また、ネット上を探すと、無料のタイピングゲームがいろいろ見つかります。意味のない英文字を打つゲームはあまり意味がありませんが、ちゃんとした単語を打つゲームはなかなか良い練習になりますよ！

(2) 秘書に必要な勉強とは

　秘書は利益を生み出すことができるポジションだと、私は信じて疑いません。秘書がコストセンターだなんてとんでもない。社内のコミュニケーションハブとなり、企業の成長に貢献できるポジションです。ぜひ誇りを持って、自らの能力を磨いていっていただきたいと思います。

秘書に必要な知識やスキル

　よく私が研修などでお話しする「秘書に必要な知識・スキル」について、簡単ですがご紹介しておきたいと思います。

・ブランディング力（上司もしくは企業の本質をつかんで、それを打ち出せる力）
　「秘書は上司や企業のプロデューサー」。上司や会社をいかに"よく見せるか"を心得ている秘書は強いです。
・情報発信力（サイト、メルマガ、ブログ、FacebookやTwitterといった諸々のソーシャルネットワークサービス（SNS）など、それぞれの特徴を理解している）
　技術的なことはわからなくても、それぞれの特質がわかっていれば活用方法などの議論にも加わることができます。
・イベントコーディネーション
　社内ミーティングから大がかりなパーティまで、秘書が仕切ることが多いものです。
・プロジェクトマネジメント
　海外ではこれがとてもはやっています（私はまだまだこれから勉強しなければなりませんが）。
・スピーチ力
　人前で堂々と話す力、ということですね。
・文章力
　言葉の使い方だけではなく、論理の組み立て方を学び、意識して書けるよ

うにすることが大切です。以前の勤務先で、名著『考える技術・書く技術』（バーバラ・ミント著、ダイヤモンド社）の訳者としても知られる山崎康司先生の研修を受けさせていただいたことがありました。ロジカルライティングの重要性を叩き込まれた2日間で、これは本当に私にとって貴重な財産となっています。

- 経営学（会計や簿記など）

重要性など、第6章でお話ししたとおりです。

　上記7つは、海外で「秘書・アシスタントのスキル教育」というと必ずと言っていいほど取り上げられるトピックです。これに交渉術やリーダーシップなどが含まれるケースもあります。もちろん、日本人であれば「語学」を付け加えたいと思います。どうして語学が秘書に必要でしょうか？　それは、語学ができる秘書は時間とお金の節約を可能にする、つまり、価値を生み出せるからです。

お勧めの資格試験

　では、ここでは語学関連に絞って話を進めましょう。秘書は、営業職などと違って、数字で成果が出ない職種です。そこで、自身のペースメーカーとして資格試験を使うことをお勧めします。目標を持ち、それに向かって勉強することは知識以上の財産となって蓄積されていくことでしょう。

- 実用英語技能検定（英検）

　英語があまり得意でないと思う方は、TOEICより先に「英検」をお勧めします。文法から長文読解、リスニング、面接まで、バランスが取れた試験だと私は思います。3級か、準2級くらいから始め、まずは2級合格を目標にしましょう（そんなにやさしい試験ではありません）。さらに頑張れそうであれば、準1級まで合格できれば、相当高度なことも理解できるようになると思います。

- TOEIC

　すでに語られすぎている感がある試験ですが、ビジネスで使う語句も多く含まれるTOEICはやはり無視できません。ただ、TOEICは「その時点での英語力を診断する試験」であって、英語の勉強をするための試験ではないと思います。そこで、あまり何度も受験するよりは、普段は地道な勉強をして、受験する前に公式問題集などで練習をする、という程度でよいのではないでしょうか。

　また、いきなりTOEICを受けると問題量の多さに目がくらむ、という方は、TOEIC Bridgeという入門編のような試験もありますので、検討なさるとよいかと思います。

- 国際秘書検定（CBS　Certified Bilingual Secretary）

　日本秘書協会が1979年から実施している日英両語による試験です。一次試験（プライマリー）は日本語と英語の2科目、二次試験（ファイナル）はオフィス業務管理、経営管理、秘書実務（インバスケット方式）、英語による個人面接の4科目です。

　一言でいいますと大変きつい試験で、それだけに本当に勉強になります。個人的には、秘書の方にはイチオシの試験で、その理由はこの試験のために勉強したことが仕事の成果に直結するからです。また、英語だけではなく「ビジネス日本語」を見直せるのが特徴です。

- 米国公認秘書検定
　（CAP　Certified Administrative Professional）

　米国で、IAAP（International Association of Administrative Professionals）が1951年に開始した、歴史のある試験です。つい最近までCPS（Certified Professional Secretary）と呼ばれていた試験で、秘書職の定義の広がりとともに名称を変えたと聞いています。私が1995年に香港で受験したときには3科目でしたが、現在は1科目試験となっています。ただし、1科目とはいえ、約300問の設問から構成され、ビジネス英語や文法あり、経営学あり、イベント準備あり、記録管理やコンピュータ関連あり、会計学や人事

管理あり…、と盛りだくさんの内容となっています。

なお、選択科目としてOrganizational Managementもありますが、これはCAPに合格してからの受験でも可ということになっています。合格するとCAP-OMという資格名になります。また、2015年からはコンピュータ上で受験するような体裁となり、日本では東京と大阪で受験可能となりました。

ご参考までに、リーディングリスト（試験のための「参考文献リスト」）を以下にご紹介します。大学学部程度の教科書がずらりと並んでいるさまは壮観です。これらを全部読まないと合格できないというわけではありませんが、これだけの内容を網羅した試験、ということですね。やりがいのある試験ですので、ぜひチャレンジしていただきたいと思います。

CAP試験のリーディングリスト

Bateman, Thomas S. and Scott A. Snell. *Management: The New Competitive Landscape.* Irwin/McGraw Hill

Bovee and Thill. *Business Communication Today.* Pearson Prentice-Hall

Certo, Samuel. *Supervision.* Irwin/McGraw Hill

Dessler, Gary. *Human Resource Management.* Pearson Prentice-Hall

Evans, Poppy and Mark A. Thomas. *Exploring the Elements of Design.* Thomson Delmar Learning

Fulton-Calkins. *The Administrative Professional Technology and Procedures.* Thomson/South-Western Publishing Co

Fulton-Calkins and Stultz. *Procedures and Theory for Administrative Professionals.* South-Western Publishing Co

Graham, Lisa. *Basics of Design: Layout and Typography for Beginners.* Thomson Delmar Learning

Guffey, Mary Ellen. *Essentials of Business Communication.* South-Western Cengage

Horgren, Harrison and Oliver. *Accounting.* Pearson Education

Kimmel, Weygandt and Kiesco. *Accounting: Tools for Business Decision Making.* John Wiley & Sons, Inc

Norton, Peter. *Computing Fundamentals*. Glencoe McGraw Hill

Oliverio, Pasewark and White. *The Office: Procedures and Technology*. Prentice-Hall Inc

Read, Judith and Mary Lea Ginn. *Records Management*. Thomson/South-Western Publishing Co

Robbins, Stephen P. and Mary Coulter. *Management*. Pearson Prentice-Hall

Schermerhorn, John R. Jr. *Management*. John Wiley & Sons, Inc

Shelly, Cashman and Vermaat. *Discovering Computers Complete*. Thomson

Smith, Leila R. *English for Careers*. Pearson Prentice-Hall

（以上、IAAPホームページより。なお、上記は旧試験のリーディングリストとして出ていたものです）

・BATIC

東京商工会議所が運営する国際会計検定。Bookkeeping and Accounting Test for International Communication の頭文字をとったもので、日本語にすると「国際コミュニケーションのための簿記会計試験」。世界共通語としての簿記会計を学んでいる、という感じがして、とても良いネーミングだと思います。

Subject 1（英文簿記）と Subject 2（国際会計理論）に分かれており、Subject 1だけの受験も可能です。合格、不合格というよりも「何点取れたか」でレベル認定をされるTOEICのような試験です。ブックキーパーレベル、アカウンタントレベル、アカウンティングマネジャーレベル、コントローラーレベルとレベルが上がっていく試験ですが、秘書職の方であれば、ブックキーパーレベル（もしくはアカウンタントレベル）で十分ではないかと思います。年2回行われ、午前中がSubject 1、午後がSubject 2です。Subject 1だけであれば、範囲は日商簿記3級くらいまでですし、とっつきやすいのではないでしょうか。

(3) The sky is the limit ──さらなるキャリアへ

"Be a Kickass Assistant"（邦題『ホワイトハウスの超仕事術』）の著者へ

ザー・ベッケルは、クリントン政権下でホワイトハウス広報部長だったジョージ・ステファノプロス氏の秘書を務めた方です。怒濤のようなホワイトハウスでの日々の後、彼女は政治家の選挙対策事務局長、ポロ・ラルフ・ローレン社のIR担当役員、レストラン経営…と劇的なキャリアチェンジを果たし、自身の能力を最大限に発揮して働いています。
　秘書職から多くを学んだという彼女の言葉を引用して、本書の締めくくりとしたいと思います。

「私は3年半アシスタント職（著者注：秘書職）にありましたが、これが私の人生の中で最も充実した職業体験であると言って言い過ぎではありません。もちろん、いつでも楽しかったとか、仕事に興味が持てたというわけではないですけれど、私のキャリアの中で最大の基盤であり、また私の最大の武器となっていることは間違いありません」

I was an assistant for three and a half years and it was the best professional experience of my life. That is not to say that it was always fun, or even interesting, but it was the best foundation for every other position I've held since.
　　　　　　　　　　　　　　　("Be a Kickass Assistant" Heather Beckel)

The Sky Is the Limit!　　**可能性は無限だ！**

参考図書

〈洋書〉

Business Venture 2 (Roger Barnard & Jeff Cady, Oxford University Press)

Grammar Girl Presents the Ultimate Writing Guide for Students (Mignon Fogarty, Henry Holt)

Correct Your English Errors (Tim Collins, Ph.D. McGraw-Hill)

Essential Business Vocabulary Builder (Paul Emmerson, Macmillan)

Business Vocabulary Builder (Paul Emmerson, Macmillan)

Business English and Communication (Lyn R. Clark et al., McGraw-Hill International Editions)

How to Say It (Rosalie Maggio, Prentice Hall Press)

Grammar in Use Intermediate (Raymond Murphy, Cambridge)

A Communicative Grammar of English (Geoffrey Leech and Jan Svartvik, Longman)

Complete Office Handbook (Susan Jaderstrom et al., Random House Reference)

Be a Kickass Assistant (Heather Beckel, Warner Books)

Resume Magic (Susan Britton Whitcomb, JIST Works)

Cover Letter Magic (Wendy S. Enelow and Louise M. Kursmark, JIST Works)

Passport to Work (Angela Buckingham & Norman Whitney, Oxford University Press)

The Everything Grammar and Style Book (Susan Thurman, Adams Media Corp)

〈和書〉

『基礎 ビジネス英語の修得』（石山輝夫 著、第三出版、絶版）

『初級 ビジネス英語の修得』（石山輝夫 著、第三出版、絶版）

『中級 ビジネス英語の修得』（石山輝夫 著、第三出版、絶版）

『ビジネスで使ってはいけない英語100』（デイビッド・セイン著、NTT出版）

『大矢 英作文講義の実況中継』（大矢復 著、語学春秋社）

『ここがおかしい日本人の英文法』（T.D. ミントン 著、安武内ひろし 訳、研究社）
『国際秘書実務』（米倉マサエ 監修、伊藤晴美 著、一橋出版）
『新バイリンガルオフィス実務』（日本秘書協会）
『CBS（国際秘書）検定対応ファイナル試験問題集』（日本秘書協会）
『国際秘書への道』（石川愛 著、イカロス出版）
『日本人の知らないワンランク上のビジネス英語術』（ウィリアム・A・ヴァンス 著、神田房枝 監訳、阪急コミュニケーションズ）
『グローバル思考の英会話』（ウィリアム・A・ヴァンス 著、神田房枝 監訳、DHC）
『英語上達完全マップ』（森沢洋介 著、ベレ出版）
『ケンブリッジ実用コロケーション 中級編』（Michael McCarthy et al., 武田修一 訳、ケンブリッジ大学出版局）
『英語ロジカル・ライティング講座』（ケリー伊藤 著、研究社）
『英語ライティング講座入門』（ケリー伊藤 著、研究社）
『英文ビジネスレター＆Eメールの正しい書き方』（松崎久純 著、研究社）
『MBAマネジメント・ブック』（株式会社グロービス 編著、ダイヤモンド社）
『人事屋が書いた経理の本』（CDI監修、協和醗酵工業著、ソーテック社）
『アンソニー英文会計の基礎』（ロバート・N・アンソニー、レスリー・K・ブライトナー著、ピアソン・エデュケーション）
『企業再生プロフェッショナル』（西浦裕二 編著、日本経済新聞出版社）
『利益が見える戦略MQ会計』（西順一郎 編著、かんき出版）
『ホワイトハウスの超仕事術』（ヘザー・ベッケル 著、中谷真理子 監訳、バベルプレス）
『ジャック・ウェルチに学んだ仕事の流儀』（ロザンヌ・バドゥスキー 著、小沢瑞穂 訳、サンマーク出版）
『リーダーズ英和辞典（第3版）』（高橋作太郎 編集代表、研究社）
『オックスフォード実例現代英語用法辞典（第3版）』（マイケル・スワン 著、吉田正治 訳、研究社）

＊スペースの都合で副題は省略させていただきました。
＊順不同です。

著者プロフィール

西 真理子（にし・まりこ）

　長崎県生まれ。1990年国際基督教大学教養学部卒業。外資系企業数社にて役員秘書・エグゼクティブアシスタントを務める。現在は秘書技術およびビジネス英語をはじめとするビジネススキル講座講師、また英語コーチとして教育やトレーニング事業に携わる。「プロフェッショナル秘書セミナー」をはじめ、大手酒造メーカー、大手エレクトロニクス機器メーカー、外資系製薬会社などで秘書研修の実績多数。

　1994年国際秘書検定、2005年秘書技能検定1級合格。英検1級。日本人として初めて、米国公認秘書検定（1995年）および米国上級秘書検定（2002年）に合格。2006年、米国人でも入学・卒業が困難とされるバーチャルアシスタント養成機関のAssistUに日本人として初めて合格、コースを優秀賞にて修了。2009年、秘書の域を超えた技能や知識が必要とされるオンラインビジネスマネジャー養成コース（米国）をアジア人として初めて修了（Certified Online Business Manager）。日本人初の公認英文レジュメライター（英文履歴書のプロフェッショナル Certified Professional Résumé Writer）としての資格も持つ。2010年、日本パブリックリレーションズ協会認定PRプランナー合格。

　日本国内のみで育ち、英語圏への留学・就業経験はゼロだが、ネイティブ向けのライティングコース Writing Essentials Program (Write Well U) を受講する等、非ネイティブとして正しい英文を運用するための研鑽を積む。これらの経験を活かし、グローバル対応可能な人材育成事業に情熱を注ぐ。「難しいことをわかりやすく、親しみやすく」がモットー。著書に『英語を話せる人と挫折する人の習慣』『できる秘書とダメ秘書の習慣』（明日香出版社）、監訳書に『ホワイトハウスの超仕事術』（バベルプレス）がある。

　電子メールアドレス：mariko@marikonishi.com

秘書の英語〈実務ハンドブック〉

2013 年 5 月 31 日　初版発行
2019 年 12 月 6 日　4 刷発行

著　者　**西 真理子**

発行者　吉田尚志

発行所　株式会社 研究社
　　　　〒 102-8152　東京都千代田区富士見 2-11-3
　　　　電話　営業 (03)3288-7777 ㈹　編集 (03)3288-7711 ㈹
　　　　振替　00150-9-26710
　　　　http://www.kenkyusha.co.jp/

印刷所　研究社印刷株式会社

装丁・本文デザイン　亀井昌彦

KENKYUSHA
〈検印省略〉

© Mariko Nishi, 2013
ISBN 978-4-327-43080-1 C2082
Printed in Japan